Guttentagsche Sammlung
von
Textausgaben ohne Anmerkungen mit Sachregister.

Gesetz über einen einmaligen außerordentlichen Wehrbeitrag

und

Besitzsteuergesetz.

Textausgabe mit ausführlichem Sachregister.

Berlin 1913.
J. Guttentag, Verlagsbuchhandlung,
G. m. b. H.

Inhaltsverzeichnis.

(Nr. 4250.)

I.

Gesetz über einen einmaligen außerordentlichen Wehrbeitrag.

Vom 3. Juli 1913.

(RGBl. Nr. 41 S. 505—521.)

Wir Wilhelm, von Gottes Gnaden Deutscher Kaiser, König von Preußen ꝛc.

verordnen im Namen des Reichs, nach erfolgter Zustimmung des Bundesrats und des Reichstags, was folgt:

§ 1.

Zur Deckung der Kosten der Wehrvorlage wird nach den Vorschriften dieses Gesetzes ein einmaliger außerordentlicher Beitrag vom Vermögen und bei den im § 10 genannten Personen auch vom Einkommen erhoben.

§ 2.

Als Vermögen im Sinne des § 1 gilt, soweit das Gesetz nichts anderes vorschreibt, das gesamte bewegliche und unbewegliche Vermögen nach Abzug der Schulden. Es umfaßt:

1. Grundstücke einschließlich des Zubehörs (Grundvermögen);
2. das dem Betriebe der Land- oder Forstwirtschaft, des Bergbaues oder eines Gewerbes dienende Vermögen (Betriebsvermögen);

3. das gesamte sonstige Vermögen, das nicht Grund- oder Betriebsvermögen ist (Kapitalvermögen).

§ 3.

Den Grundstücken (§ 2 Nr. 1) stehen gleich Berechtigungen, für welche die sich auf Grundstücke beziehenden Vorschriften des bürgerlichen Rechtes gelten.

§ 4.

Zum Betriebsvermögen (§ 2 Nr. 2) gehören alle dem Unternehmen gewidmeten Gegenstände.

Das Betriebsvermögen einer offenen Handelsgesellschaft oder einer anderen Erwerbsgesellschaft, bei welcher der Gesellschafter als Unternehmer (Mitunternehmer) des Betriebs anzusehen ist, wird den einzelnen Teilhabern nach dem Verhältnis ihres Anteils zugerechnet.

§ 5.

Als Kapitalvermögen (§ 2 Nr. 3) kommen insbesondere, soweit die einzelnen Vermögensgegenstände nicht unter § 2 Nr. 1, § 3 oder unter § 2 Nr. 2, § 4 fallen, in Betracht:

1. selbständige Rechte und Gerechtigkeiten;
2. verzinsliche und unverzinsliche Kapitalforderungen jeder Art;
3. Aktien oder Anteilscheine, Kuxe, Geschäftsguthaben bei Genossenschaften, Geschäftsanteile und andere Gesellschaftseinlagen;
4. bares Geld deutscher Währung, fremde Geldsorten, Banknoten und Kassenscheine, ausgenommen die aus den laufenden Jahreseinkünften vorhandenen Bestände und Bank- oder sonstige Guthaben, soweit sie zur Bestreitung der laufenden

Ausgaben für drei Monate dienen, sowie Gold und Silber in Barren;

5. der Kapitalwert der Rechte auf Renten und andere wiederkehrende Nutzungen und Leistungen, welche dem Berechtigten auf seine Lebenszeit oder auf die Lebenszeit eines anderen, auf unbestimmte Zeit oder auf die Dauer von mindestens zehn Jahren entweder vertragsmäßig als Gegenleistung für die Hingabe von Vermögenswerten oder aus letztwilligen Verfügungen, Schenkungen oder Familienstiftungen oder vermöge hausgesetzlicher Bestimmungen zustehen;
6. noch nicht fällige Ansprüche aus Lebens- und Kapitalversicherungen oder Rentenversicherungen, aus denen der Berechtigte noch nicht in den Rentenbezug eingetreten ist.

§ 6.

Die Vorschrift im § 5 Nr. 5 gilt nicht

a) für Ansprüche an Witwen-, Waisen- und Pensionskassen;
b) für Ansprüche aus einer Kranken- oder Unfallversicherung oder aus der Reichsversicherung;
c) für Renten und ähnliche Bezüge, die mit Rücksicht auf ein früheres Arbeits- oder Dienstverhältnis gewährt werden.

§ 7.

Als Vermögen gelten nicht Möbel, Hausrat und andere nicht unter § 5 fallende bewegliche körperliche Gegenstände, sofern sie nicht als Zubehör eines Grundstücks (§ 2 Nr. 1, § 3) oder als Bestandteil eines Betriebsvermögens (§ 2 Nr. 2, § 4) anzusehen sind.

§ 8.

Das zu einem Lehen, Fideikommiß oder Stammgut gehörige Vermögen gilt als Vermögen des Inhabers.

Der Inhaber ist berechtigt, den Betrag des Wehrbeitrags, soweit er nicht auf den nach diesem Gesetze zu berechnenden Wert seiner Nutzung entfällt, aus dem Lehens-, Fideikommiß- oder Stammgutvermögen zu entnehmen oder dieses Vermögen in gleicher Höhe dinglich zu belasten, ohne daß es einer besonderen Genehmigung Dritter bedarf.

§ 9.

Von dem Vermögen sind abzuziehen die dinglichen und persönlichen Schulden des Beitragspflichtigen sowie der Wert der dem Beitragspflichtigen obliegenden oder auf einem Lehen, Fideikommiß oder Stammgut ruhenden Leistungen der im § 5 Nr. 5 bezeichneten Art.

Nicht abzugsfähig sind

a) Schulden, die zur Bestreitung der laufenden Haushaltungskosten eingegangen sind (Haushaltungsschulden);

b) Schulden und Lasten, welche in wirtschaftlicher Beziehung zu nichtbeitragspflichtigen Vermögensteilen stehen.

Wird der Wehrbeitrag nur von dem inländischen Grund- und Betriebsvermögen erhoben (§ 10 Nr. II und § 11 Abs. 1 Nr. 2), so sind nur die in einer wirtschaftlichen Beziehung zu diesen Vermögensteilen stehenden Schulden und Lasten abzugsfähig.

§ 10.

Beitragspflichtig sind

I. mit ihrem gesamten Vermögen mit Ausnahme des ausländischen Grund- und Betriebsvermögens:

1. die Angehörigen des Deutschen Reichs, mit Ausnahme derer, die sich seit länger als zwei Jahren dauernd im Ausland aufhalten, ohne einen Wohnsitz in einem deutschen Bundesstaate zu haben. Die Ausnahme findet keine Anwendung auf Reichs- und Staatsbeamte, die im Ausland ihren dienstlichen Wohnsitz haben. Wahlkonsuln gelten nicht als Beamte im Sinne dieser Vorschrift;
2. diejenigen nichtreichsangehörigen Personen, welche auch eine fremde Staatsangehörigkeit nicht besitzen, wenn sie in einem deutschen Bundesstaat einen Wohnsitz oder in Ermangelung eines Wohnsitzes ihren dauernden Aufenthalt haben;
3. Angehörige außerdeutscher Staaten, die sich im Deutschen Reiche dauernd des Erwerbes wegen aufhalten;

II. mit ihrem inländischen Grundvermögen (§ 2 Nr. 1, § 3) und inländischen Betriebsvermögen (§ 2 Nr. 2, § 4):

alle natürlichen Personen ohne Rücksicht auf Staatsangehörigkeit, Wohnsitz oder Aufenthalt.

§ 11.

Beitragspflichtig sind ferner Aktiengesellschaften und Kommanditgesellschaften auf Aktien, und zwar

1. wenn sie im Inland ihren Sitz haben, mit den in der Bilanz des letzten Betriebsjahrs aufgeführten wirklichen Reservekontenbeträgen, zuzüglich etwaiger Gewinnvorträge, ohne Anrechnung der Fonds für Wohlfahrtszwecke;

2. wenn sie im Inland keinen Sitz haben, mit ihrem inländischen Grund- und Betriebsvermögen.

Von dem Beitrag befreit sind

1. inländische Gesellschaften, welche nach der Entscheidung des Bundesrats ausschließlich gemeinnützigen Zwecken, insbesondere auch der Förderung der minderbemittelten Volksklassen dienen, den zur Verteilung gelangenden Reingewinn satzungsmäßig auf eine höchstens vierprozentige Verzinsung der Kapitaleinlagen beschränken, auch bei Auslosungen oder für den Fall der Auflösung nicht mehr als den Nennwert ihrer Anteile zusichern und bei der Auflösung den etwaigen Rest des Gesellschaftsvermögens für gemeinnützige Zwecke bestimmen. Der Bundesrat ist ermächtigt, die Befreiung auch dann zu bewilligen, wenn die Gesellschaft eine höchstens fünfprozentige Verzinsung der Kapitaleinlagen gewährt;
2. Gesellschaften, welche im Durchschnitt der letzten fünf Jahre — oder, wenn die Gesellschaft erst kürzere Zeit besteht, im Durchschnitt der bisher abgeschlossenen Geschäftsjahre — weniger als 3 vom Hundert Gewinn verteilt haben, und bei denen der Kurs- oder Verkaufswert 80 vom Hundert des eingezahlten Kapitals nicht übersteigt.

§ 12.

Ein Wehrbeitrag wird nicht erhoben von solchen Vermögen, die zehntausend Mark nicht übersteigen.

Die beitragsfreie Vermögensgrenze erhöht sich bei einem Einkommen von nicht mehr als zweitausend Mark auf fünfzigtausend Mark und bei einem Einkommen von mehr als zweitausend, aber nicht mehr als viertausend Mark auf dreißigtausend Mark.

§ 13.

Für die Veranlagung des Wehrbeitrags wird das Vermögen der Ehegatten zusammengerechnet, sofern sie nicht dauernd voneinander getrennt leben. Die Ehegatten sind, falls ihr Vermögen zusammenzurechnen ist, der Staatskasse als Gesamtschuldner der Abgabe verpflichtet.

§ 14.

Unterliegt das abgabepflichtige Vermögen der Nutznießung, so fällt, wenn nicht rechtsgeschäftlich etwas anderes bestimmt ist, der Wehrbeitrag dem Eigentümer zur Last.

§ 15.

Für die Beitragspflicht und die Ermittelung des Vermögenswerts ist der Stand vom 31. Dezember 1913 maßgebend.

Für Betriebe, bei denen regelmäßige jährliche Abschlüsse stattfinden, kann der Vermögensfeststellung der Vermögensstand am Schlusse des letzten Wirtschafts- oder Rechnungsjahrs zugrunde gelegt werden.

Bei der Veranlagung des Wehrbeitrags wird das Vermögen des Beitragspflichtigen auf volle Tausende nach unten abgerundet.

§ 16.

Bei der Feststellung des Vermögens ist der gemeine Wert (Verkaufswert) seiner einzelnen Bestandteile zugrunde zu legen, sofern das Gesetz nichts anderes vorschreibt.

§ 17.

Bei Grundstücken, die dauernd land- oder forstwirtschaftlichen oder gärtnerischen Zwecken, sowie bei bebauten Grundstücken, die Wohnzwecken oder gewerblichen Zwecken zu dienen bestimmt sind, und bei denen die Bebauung und Benutzung der ortsüblichen Bebauung und Benutzung entspricht, wird der Ertragswert zugrunde gelegt.

Als Ertragswert gilt bei land- oder forstwirtschaftlichen oder Gärtnereigrundstücken das Fünfundzwanzigfache des Reinertrags, den sie nach ihrer wirtschaftlichen Bestimmung bei ordnungsmäßiger Bewirtschaftung mit entlohnten fremden Arbeitskräften nachhaltig gewähren können.

Die der Land- und Forstwirtschaft oder der Gärtnerei dienenden Gebäude und Betriebsmittel werden nicht besonders veranlagt, sondern sind in der Veranlagung des Ertragswerts einbegriffen.

Bei bebauten Grundstücken, die Wohnzwecken oder gewerblichen Zwecken zu dienen bestimmt sind, gilt als Ertragswert das Fünfundzwanzigfache des Miet- oder Pachtertrags, der in den letzten drei Jahren im Durchschnitt erzielt worden ist oder im Falle der Vermietung oder Verpachtung hätte erzielt werden können, nach Abzug von einem Fünftel für Nebenleistungen und Instandhaltungskosten oder von dem als erforderlich nachgewiesenen höheren Betrag für Nebenleistungen und Instandhaltungskosten ohne Rücksicht darauf, ob die hierzu notwendigen Arbeiten von dem Beitragspflichtigen selbst oder durch entlohnte fremde Arbeitskräfte geleistet worden sind.

In allen Fällen kann der Beitragspflichtige verlangen, daß statt des Ertragswerts der gemeine Wert der Veranlagung zugrunde gelegt wird. Dieses Recht erlischt, wenn es nicht spätestens bis zum Ablauf der mit der Zustellung des Veranlagungs- oder des Feststellungsbescheids eröffneten Rechtsmittelfrist geltend gemacht wird.

§ 18.

Wertpapiere, die in Deutschland einen Börsenkurs haben, sind mit dem Kurswert, Forderungen, die in das Schuldbuch einer öffentlichen Körperschaft eingetragen sind, mit dem Kurswert der entsprechenden Schuldverschreibungen der öffentlichen Körperschaft anzusetzen.

Der Beitragspflichtige ist berechtigt, von dem Werte der mit Dividendenschein gehandelten Wertpapiere (§ 5) den Betrag in Abzug zu bringen, der für die seit Auszahlung des letzten Gewinns abgelaufene Zeit dem letztmalig verteilten Gewinn entspricht.

§ 19.

Bei Aktien ohne Börsenkurs, bei Kuxen, Anteilen an einer Bergwerksgesellschaft oder bei Anteilen einer Gesellschaft mit beschränkter Haftung ist der Verkaufswert der Aktien, Kuxen oder Anteile anzusetzen. Sofern ein solcher nicht zu ermitteln ist, ist der Wert der Aktie, des Kuxes oder Anteils unter Berücksichtigung des Gesamtvermögens der Gesellschaft oder Gewerkschaft und der in der Vergangenheit erzielten Gewinne nach freiem Ermessen zu schätzen. Hierbei bleiben diejenigen Beträge der Jahresgewinne unberücksichtigt, welche unter Zugrundelegung der ortsüblichen Preise als Entgelt für gelieferte Rohstoffe anzusehen sind. Im Streitfall soll die Veranlagungsbehörde die Schätzung des Wertes durch Sachverständige anordnen, die von der zuständigen Handelsvertretung oder der des nächstbelegenen Bezirkes zu ernennen sind.

§ 20.

Andere Kapitalforderungen und Schulden sind mit dem Nennwert anzusetzen, sofern nicht besondere Umstände die Veranschlagung nach einem vom Nennwert abweichenden höheren oder geringeren Werte begründen.

Noch nicht fällige Ansprüche aus Lebens-, Kapital- und Rentenversicherungen kommen mit zwei Dritteln der Summe der eingezahlten Prämien oder Kapitalbeiträge, falls aber der Betrag nachgewiesen wird, für welchen die Versicherungsanstalt die Police zurückkaufen würde, mit diesem Rückkaufswert in Anrechnung.

§ 21.

Der Gesamtwert der auf bestimmte Zeit beschränkten Nutzungen oder Leistungen ist unter Abrechnung der Zwischenzinsen durch Zusammenzählung der einzelnen Jahreswerte zu berechnen. Der Gesamtwert darf den zum gesetzlichen Zinssatz kapitalisierten Jahreswert nicht übersteigen.

Immerwährende Nutzungen oder Leistungen sind mit dem Fünfundzwanzigfachen des einjährigen Betrags, Nutzungen oder Leistungen von unbestimmter Dauer vorbehaltlich der Vorschriften der §§ 22, 23 mit dem Zwölfundeinhalbfachen des einjährigen Betrags zu veranschlagen.

§ 22.

Der Wert von Renten oder anderen auf die Lebenszeit einer Person beschränkten Nutzungen und Leistungen bestimmt sich nach dem Lebensalter der Person, mit deren Tode das Recht erlischt.

Als Wert wird angenommen bei einem Alter

1.			bis zu	15	Jahren das	18	fache,
2.	von mehr als	15	„ „	25	„ „	17	„ ,
3.	„ „ „	25	„ „	35	„ „	16	„ ,
4.	„ „ „	35	„ „	45	„ „	14	„ ,
5.	„ „ „	45	„ „	55	„ „	12	„ ,
6.	„ „ „	55	„ „	65	„ „	8½	„ ,
7.	„ „ „	65	„ „	75	„ „	5	„ ,
8.	„ „ „	75	„ „	80	„ „	3	„ ,
9.	„ „ „	80			„ „	2	„

des Wertes der einjährigen Nutzung.

§ 23.

Hängt die Dauer der Nutzung oder Leistung von der Lebenszeit mehrerer Personen ab, so ist maßgebend das Lebensalter der ältesten Person, wenn das Recht mit dem Tode der zuerst versterbenden Person erlischt, das Lebensalter der jüngsten Person, wenn das Recht mit dem Tode der letztversterbenden Person erlischt.

§ 24.

Der einjährige Betrag der Nutzung einer Geldsumme ist zu vier vom Hundert anzunehmen, falls er nicht anderweit feststeht.

§ 25.

Vom Kapitalwert unverzinslicher befristeter Forderungen und Schulden kommen für die Zeit bis zu ihrer Fälligkeit vier vom Hundert Jahreszinsen in Abzug.

§ 26.

Vermögen, dessen Erwerb von dem Eintritt einer aufschiebenden Bedingung abhängt, bleibt bei der Feststellung unberücksichtigt.

§ 27.

Vermögen, das unter einer auflösenden Bedingung erworben ist, wird unbeschadet der Vorschriten über die Berechnung des Kapitalwerts der Nutzungen von unbestimmter Dauer (§ 21 Abs. 2, §§ 22, 23) wie unbedingt erworbenes behandelt.

§ 28.

Hängen Lasten, die den Wert des Vermögens vermindern, von dem Eintritt einer aufschiebenden Bedigung ab, so werden sie nicht berücksichtigt.

Den Lasten, die von einer aufschiebenden Bedingung abhängen, stehen zweifelhafte Lasten gleich.

§ 29.

Lasten, deren Fortdauer von einer auflösenden Bedingung abhängt, werden wie unbedingte vom Vermögen abgezogen, soweit nicht deren Kapitalwert nach § 21 Abs. 1, §§ 22, 23 zu berechnen ist.

§ 30.

Die Vorschriften der §§ 26 bis 29 gelten auch, wenn der Erwerb oder die Last von einem Ereignis abhängt, das nur hinsichtlich des Zeitpunkts seines Eintritts ungewiß ist.

Unbeitreibliche Forderungen bleiben außer Ansatz.

§ 31.

Als Einkommen im Sinne des § 1 gilt das auf Grund der Landeseinkommensteuergesetze zuletzt vor oder gleichzeitig mit der Veranlagung des Wehrbeitrags festgestellte steuerpflichtige Einkommen. Als festgestellt wird das niedrigste Einkommen der Steuerstufe angenommen, in welcher der Steuerpflichtige zur Einkommensteuer veranlagt ist und, falls die Berücksichtigung persönlicher Verhältnisse zu einer Steuerermäßigung geführt hat, das niedrigste Einkommen der Steuerstufe, in welcher der Steuerpflichtige ohne diese Berücksichtigung zu veranlagen gewesen wäre. In den Bundesstaaten, in denen eine Einkommensteuer nicht eingeführt ist, trifft die Landesregierung Bestimmungen über die Ermittelung des Einkommens.

Von dem festgestellten Einkommen wird ein Betrag abgezogen, der einer Verzinsung von 5 vom Hundert des abgabepflichtigen Vermögens entspricht.

Abgabefrei sind die nach Abs. 1 festgestellten Einkommen, welche den Betrag von fünftausend Mark nicht übersteigen, sowie die nach Abzug des gemäß Abs. 2 abgabefreien Teiles des Einkommens verbleibenden Restbeträge unter eintausend Mark.

Wird nachgewiesen, daß sich das Einkommen zwischen der Erhebung des ersten und des zweiten oder letzten Drittels des Wehrbeitrags um mindestens 40 vom Hundert vermindert hat, so ist auf Antrag eine dem verbliebenen Einkommen entsprechende Ermäßigung der späteren Beitragsteile zu gewähren. Über das Ermäßigungsverfahren trifft der Bundesrat nähere Bestimmungen.

§ 32.

Die Abgabe vom Vermögen beträgt bei einem Vermögen bis zu 50 000 Mark und bei größeren Vermögen von den ersten 50 000 Mark 0,15 v. Hundert,

von den nächsten angefangenen oder vollen	50 000	„	0,35	„	„
„ „ „	100 000	„	0,5	„	„
„ „ „	300 000	„	0,7	„	„
„ „ „	500 000	„	0,85	„	„
„ „ „	1 000 000	„	1,1	„	„
„ „ „	3 000 000	„	1,3	„	„
„ „ „	5 000 000	„	1,4	„	„
von den höheren Beträgen			1,5	„	„ .

Die Abgabe vom Einkommen beträgt bei einem Einkommen

von mehr als	bis zu					
	10 000 Mark	1	vom	Hundert	des	Eink.,
10 000 Mark	15 000 Mark	1,2	„	„	„	„
15 000 „	20 000 „	1,4	„	„	„	„
20 000 „	25 000 „	1,6	„	„	„	„
25 000 „	30 000 „	1,8	„	„	„	„
30 000 „	35 000 „	2	„	„	„	„
35 000 „	40 000 „	2,5	„	„	„	„
40 000 „	50 000 „	3	„	„	„	„
50 000 „	60 000 „	3,5	„	„	„	„
60 000 „	70 000 „	4	„	„	„	„
70 000 „	80 000 „	4,5	„	„	„	„
80 000 „	100 000 „	5	„	„	„	„
100 000 „	200 000 „	6	„	„	„	„
200 000 „	500 000 „	7	„	„	„	„
500 000 „	. . . . . .	8	„	„	„	„ .

Der Unterschied zwischen dem Beitrag, der zu zahlen wäre, wenn das Einkommen nur die voran=

gehende in Abs. 2 bezeichnete Grenze erreicht hätte, und zwischen dem Beitrag, der nach dem gesetzlichen Satze berechnet ist, wird nur insoweit erhoben, als er aus der Hälfte des jene Grenze übersteigenden Betrags des Einkommens gedeckt werden kann.

§ 33.

Gewährt der Beitragspflichtige, dessen Vermögen den Betrag von hunderttausend Mark oder dessen Einkommen den Betrag von zehntausend Mark nicht übersteigt, Kindern auf Grund gesetzlicher Verpflichtung (§§ 1601 bis 1615 B.G.B.) Unterhalt, so ermäßigt sich der Beitrag für das dritte und jedes folgende minderjährige Kind um 5 vom Hundert seines Betrags.

Hat der Beitragspflichtige ein Vermögen von nicht mehr als zweihunderttausend Mark oder ein Einkommen von nicht mehr als zwanzigtausend Mark, so ermäßigt sich der Wehrbeitrag für den dritten und jeden weiteren Sohn, welcher seine gesetzliche Dienstpflicht beim Heere oder der Flotte abgeleistet hat, um je 10 vom Hundert seines Betrags. Die Beitragsermäßigung tritt auch ein, wenn die Ableistung der Dienstpflicht noch in den Jahren 1914, 1915 und 1916 erfolgt. Ist der Wehrbeitrag in diesem Falle bereits voll entrichtet, so ist der entsprechende Betrag dem Beitragspflichtigen auf Antrag zu erstatten.

§ 34.

Für die Veranlagung und Erhebung des Wehrbeitrags ist der Bundesstaat zuständig, in welchem der Beitragspflichtige seinen Wohnsitz oder in Ermangelung eines Wohnsitzes seinen gewöhnlichen Aufenthalt hat.

Bei mehrfachem Wohnsitz im Inland ist der dienstliche Wohnsitz vor einem anderen Wohnsitz, der Wohnsitz in dem Heimatstaate vor dem Wohnsitz in einem anderen Bundesstaat und, wenn keiner dieser Fälle vorliegt, der Wohnsitz an dem Orte maßgebend, an welchem der Beitragspflichtige sich vorwiegend aufhält.

Beitragspflichtige, welche zur Zeit der Veranlagung im Inland weder einen Wohnsitz noch ihren gewöhnlichen Aufenthalt haben, sind in dem Bundesstaate zu veranlagen, in welchem sie ihren letzten inländischen Wohnsitz oder Aufenthalt gehabt haben.

Der Bundesrat kann weitere Bestimmungen über die Zuständigkeit der Bundesstaaten zur Veranlagung und Erhebung des Wehrbeitrags erlassen. Er entscheidet auch auf Anrufen eines Bundesstaats, wenn zwischen mehreren Bundesstaaten Meinungsverschiedenheit über ihre Zuständigkeit herrscht.

§ 35.

Die Landesregierung bestimmt die für die Veranlagung und Erhebung des Wehrbeitrags zuständigen Behörden. Sie bestimmt auch, ob und inwieweit zur Mitwirkung bei der Veranlagung und zur Erhebung des Wehrbeitrags Gemeinden und Gemeindeverbände heranzuziehen sind.

Der Bundesrat bestimmt die für die Veranlagung und Erhebung des Wehrbeitrags der Bundesfürsten zuständigen Behörden.

§ 36.

Zur Abgabe einer Vermögenserklärung ist verpflichtet, wer ein Vermögen von mehr als zwanzigtausend Mark, oder wer bei mehr als viertausend

Mark Einkommen mehr als zehntausend Mark Vermögen hat. Der Bundesrat bestimmt die Fristen zur Abgabe der Vermögenserklärung.

Die Veranlagungsbehörde ist berechtigt, von jedem Beitragspflichtigen (§§ 10 und 11) binnen einer von ihr festzusetzenden Frist, die mindestens zwei Wochen betragen muß, die Abgabe einer Vermögenserklärung zu verlangen.

Die Vermögenserklärung ist unter der Versicherung zu erstatten, daß die Angaben nach bestem Wissen und Gewissen gemacht sind.

§ 37.

In der Vermögenserklärung hat der Beitragspflichtige seine Vermögensverhältnisse zu dem im § 15 bezeichneten Zeitpunkt klarzulegen und zu diesem Zwecke nach näherer Bestimmung des Bundesrats das gesamte Vermögen getrennt nach seinen einzelnen Bestandteilen unter Angabe ihres Wertes aufzuführen.

Soweit die Vermögenswerte sich nicht aus dem Nenn- oder Kurswert oder dem Betrage der geleisteten Zahlungen ergeben, kann der Beitragspflichtige sich in der Vermögenserklärung auf die tatsächlichen Mitteilungen beschränken, die er behufs Schätzung des Wertes beizubringen vermag.

§ 38.

Der Beitragspflichtige kann zur Abgabe der Vermögenserklärung mit Geldstrafen bis zu fünfhundert Mark angehalten werden.

Dem Beitragspflichtigen, der die ihm nach § 36 obliegende Vermögenserklärung nicht rechtzeitig abgibt, kann ein Zuschlag von 5 bis 10 vom Hundert des geschuldeten Wehrbeitrags auferlegt werden.

§ 39.

Die Veranlagungsbehörde prüft die Angaben in der Vermögenserklärung und stellt, gegebenenfalls nach Vornahme der erforderlichen Ermittelungen, die Höhe des Vermögens fest.

§ 40.

Die Veranlagungsbehörde kann Zeugen und Sachverständige uneidlich vernehmen. Das Zeugnis oder Gutachten darf nur unter den Voraussetzungen verweigert werden, welche nach den Vorschriften der Zivilprozeßordnung (§§ 383 bis 385, 407, 408) zur Ablehnung eines Zeugnisses oder Gutachtens berechtigen.

Zeugen und Sachverständige können zur Abgabe des Zeugnisses oder Gutachtens mit Geldstrafen bis zu einhundertfünfzig Mark angehalten werden.

§ 41.

Der Beitragspflichtige hat auf Erfordern die Höhe seines Vermögens nachzuweisen. Er ist insbesondere verpflichtet, der Veranlagungsbehörde Wirtschafts- oder Geschäftsbücher, Verträge, Schuldverschreibungen, Zinsquittungen, Abrechnungen von Banken oder ähnlichen Unternehmungen und andere Schriftstücke, welche für die Veranlagung von Bedeutung sind, zur Einsicht und Prüfung vorzulegen.

Die Einsichtnahme und Prüfung der Bücher und Schriftstücke des Beitragspflichtigen soll tunlichst in dessen Wohnung oder Geschäftsräumen erfolgen.

§ 42.

Die Vorstände oder Geschäftsführer der im § 19 bezeichneten Gesellschaften, die ihren Sitz im Inland haben oder Vermögen im Inland besitzen, haben dem Beitragspflichtigen die erforderlichen Mitteilungen über den Wert seiner Aktien oder Gesellschaftsanteile zu machen.

Sie sind außerdem verpflichtet, der Veranlagungsbehörde auf Verlangen binnen einer Frist von vier Wochen eine Nachweisung einzureichen, welche enthält:

1. die Höhe des Grundkapitals oder der Stammeinlagen,
2. den Betrag der in den vorausgegangenen drei Jahren jährlich verteilten Gewinne,
3. die tatsächlichen Mitteilungen, die sie zur Schätzung des Wertes der Aktien, Anteile oder Kuxe beizubringen vermögen.

Die Nachweisung ist mit der Versicherung zu versehen, daß die Angaben nach bestem Wissen und Gewissen gemacht sind.

Die Verpflichteten können zur Abgabe der Nachweisung mit Geldstrafen bis zu fünfhundert Mark angehalten werden.

§ 43.

Die Vorschriften der §§ 36 bis 38, 41 gelten auch für den gesetzlichen Vertreter des Beitragspflichtigen hinsichtlich des seiner Verwaltung unterliegenden Vermögens.

§ 44.

Die Kosten der Ermittelungen fallen dem Beitragspflichtigen zur Last, wenn der endgültig festgestellte

Vermögenswert den vom Beitragspflichtigen angegebenen Wert um mehr als ein Drittel übersteigt oder wenn sich seine Angaben in wesentlichen Punkten als unrichtig erweisen oder wenn er trotz ergangener Aufforderung keine oder nur ungenügende Angaben über seine Vermögensverhältnisse gemacht hat.

§ 45.

Die Reichs-, Staats- und Gemeindebehörden sind verpflichtet, den Veranlagungsbehörden auf Ersuchen aus Büchern, Akten, Urkunden usw. Auskunft über die Vermögensverhältnisse des Beitragspflichtigen zu erteilen oder ihnen Einsicht in solche, die Vermögensverhältnisse betreffenden Bücher, Akten, Urkunden usw. zu gestatten.

Den Notaren liegt diese Pflicht nur ob hinsichtlich der einen Nachlaß betreffenden Verhandlungen oder soweit sie durch sonstige reichs- oder landesrechtliche Vorschriften begründet ist.

Eine Auskunftspflicht besteht nicht für die Postbehörden, für die Verwaltung der Schuldbücher öffentlicher Körperschaften sowie für die Verwaltung öffentlicher Sparkassen und anderer mit der Verwaltung und Verwahrung fremden Vermögens befaßter öffentlicher Anstalten.

§ 46.

Beamte, Angestellte und ehrenamtliche Mitglieder von Behörden, welche im Verfahren zur Veranlagung des Wehrbeitrags dienstlich Kenntnis von den Vermögens-, Erwerbs- oder Einkommensverhältnissen eines Beitragspflichtigen erhalten, sind zu ihrer Geheimhaltung verpflichtet. Die Vermögenserklärungen sind unter

Verschluß aufzubewahren und dürfen ebenso wie die sonstigen Verhandlungen im Veranlagungsverfahren nur zur Kenntnis der durch Eid zu ihrer Geheimhaltung Verpflichteten gelangen. Sie dürfen anderen Behörden nur zum Zwecke der Veranlagung und Erhebung von öffentlichen Abgaben mitgeteilt werden. Bestehen für Landessteuern gleiche oder ähnliche Vorschriften, so steht dies der Mitteilung von Veranlagungsmerkmalen an die mit der Veranlagung des Wehrbeitrags betrauten Behörden nicht entgegen.

§ 47.

Die Veranlagungsbehörde erteilt dem Beitragspflichtigen einen Bescheid über den Gesamtbetrag des zu zahlenden Wehrbeitrags und über die für eine spätere Veranlagung zur Besitzsteuer maßgebende Vermögensfeststellung (Veranlagungsbescheid). Ergibt sich bei einem zur Abgabe der Vermögenserklärung Verpflichteten nur ein beitragsfreies Vermögen, so ist ihm ein Bescheid über den für eine künftige Veranlagung zur Besitzsteuer maßgebenden Vermögensstand zu erteilen (Feststellungsbescheid).

Der Veranlagungs- und der Feststellungsbescheid enthält eine Belehrung über die zulässigen Rechtsmittel, der Veranlagungsbescheid enthält außerdem eine Anweisung zur Entrichtung des Wehrbeitrags in den gesetzlichen Teilbeträgen innerhalb der vorgeschriebenen Zahlungsfristen. Dem Beitragspflichtigen ist mitzuteilen, in welchen Punkten von der Vermögenserklärung abgewichen worden ist.

Die nach § 51 zu zahlenden Teilbeträge sind auf die volle Mark nach unten abzurunden.

§ 48.

Gegen den Veranlagungs- und den Feststellungsbescheid sind die Rechtsmittel zulässig, die den Steuerpflichtigen nach Landesrecht gegen die Heranziehung zu direkten Staatssteuern zustehen.

Die Landesregierung bestimmt das Nähere.

Wird keine oder eine falsche Rechtsmittelbelehrung erteilt, so wird die Rechtsmittelfrist nicht in Lauf gesetzt, doch ist ein von dem Beitragspflichtigen eingelegtes Rechtsmittel nicht aus diesem Grunde unzulässig.

§ 49.

Wohnt weder der Beitragspflichtige noch ein Vertreter des Beitragspflichtigen im Inland, so ist dieser gehalten, eine im Inland wohnende Person zum Empfange der für ihn bestimmten Schriftstücke zu bevollmächtigen. Ist die Benennung eines Zustellungsbevollmächtigten unterblieben, so gilt die Zustellung eines Schriftstücks mit der Aufgabe zur Post als bewirkt, selbst wenn die Sendung als unbestellbar zurückkommt.

§ 50.

Durch die Einlegung eines Rechtsmittels wird die Erhebung des veranlagten Wehrbeitrags zu den gesetzlichen Zahlungsfristen nicht aufgehalten. Die auf Grund rechtskräftiger Entscheidung zu erstattenden Beträge sind mit 4 vom Hundert für das Jahr zu verzinsen.

§ 51.

Der einmalige Wehrbeitrag ist zu einem Drittel mit der Zustellung des Veranlagungsbescheids fällig und binnen drei Monaten zu entrichten. Das zweite

Drittel ist bis zum 15. Februar 1915, das letzte Drittel bis zum 15. Februar 1916 zu entrichten.

Den Beitragspflichtigen steht es frei, die späteren Teilbeträge zum voraus zu zahlen. Erfolgt die Zahlung mindestens drei Monate vor dem gesetzlichen Zahlungstage, so ist der Beitragspflichtige berechtigt, 4 vom Hundert Jahreszinsen vom Tage der Einzahlung bis zum gesetzlichen Zahlungstag in Abzug zu bringen.

§ 52.

Würde die Einziehung des Wehrbeitrags zu den gesetzlichen Zahlungsfristen mit einer erheblichen Härte für den Beitragspflichtigen verbunden sein, so kann der Betrag bis auf drei Jahre gestundet, auch die Entrichtung in Teilbeträgen gestattet werden.

Die Stundung kann von einer angemessenen Sicherheitsleistung abhängig gemacht werden.

Die Stundungsbewilligung wird zurückgenommen, wenn die Voraussetzungen hierfür weggefallen sind oder wenn eine nachträglich verlangte Sicherheit nicht geleistet wird.

§ 53.

Zum Zwecke der Einziehung des Wehrbeitrags ist die Zwangsversteigerung eines Grundstücks ohne Zustimmung des Beitragspflichtigen nicht zulässig.

§ 54.

Ist die Veranlagung zu Unrecht unterblieben, so wird dadurch die Pflicht zur Zahlung des Wehrbeitrags nicht berührt. Eine Neuveranlagung hat zu erfolgen, wenn nachträglich neue Tatsachen und Beweismittel bekannt werden, die eine höhere Veranlagung des Beitragspflichtigen rechtfertigen.

§ 55.

Der Anspruch der Staatskasse auf den Wehrbeitrag verjährt in vier Jahren. Die Frist beginnt mit dem Schlusse des Jahres, in welchem die Beträge fällig geworden sind, im Falle der Sicherheitsleistung für den Wehrbeitrag jedoch nicht vor dem Ablauf des Jahres, in welchem die Sicherheit erlischt. Ist die Veranlagung zum Wehrbeitrage zu Unrecht unterblieben, so beginnt die Frist mit dem Schlusse des Kalenderjahrs 1916.

§ 56.

Wer als Beitragspflichtiger oder als Vertreter eines Beitragspflichtigen wissentlich der Veranlagungsbehörde unrichtige oder unvollständige Angaben macht, die geeignet sind, eine Verkürzung des Wehrbeitrags herbeizuführen, wird mit einer Geldstrafe bis zum zwanzigfachen Betrage des gefährdeten Wehrbeitrags bestraft.

§ 57.

In den Fällen des § 56 kann neben der Geldstrafe auf Gefängnis bis zu sechs Monaten erkannt werden, wenn die unrichtigen oder unvollständigen Angaben in der Absicht, den Wehrbeitrag zu hinterziehen, gemacht worden sind, und wenn der gefährdete Betrag nicht weniger als 10 vom Hundert des geschuldeten Wehrbeitrags, mindestens aber dreihundert Mark ausmacht, oder wenn der Beitragspflichtige Vermögen vom Inland ins Ausland verbracht hat in der Absicht, dieses Vermögen der Veranlagungsbehörde zu verheimlichen.

Bei einer Beitragsgefährdung der im Abs. 1 bezeichneten Art kann im Urteil angeordnet werden, daß die Bestrafung auf Kosten des Verurteilten öffentlich bekannt zu machen ist.

Besteht der Verdacht, daß eine Beitragsgefährdung der im Abs. 1 bezeichneten Art vorliegt, so hat die Veranlagungsbehörde die Sache an die zuständige Staatsanwaltschaft abzugeben. Findet die Staatsanwaltschaft in einer an sie abgegebenen Sache, daß dieser Verdacht nicht hinreichend begründet ist, so kann sie die Sache zur weiteren Erledigung im Verwaltungsstrafverfahren an die Verwaltungsbehörde abgeben.

§ 58.

Ist nach den obwaltenden Umständen anzunehmen, daß die unrichtigen oder unvollständigen Angaben, die geeignet sind, eine Verkürzung des Wehrbeitrags herbeizuführen, nicht in der Absicht gemacht worden sind, den Wehrbeitrag zu hinterziehen, so tritt an Stelle der im § 56 vorgesehenen Strafe eine Ordnungsstrafe bis zu fünfhundert Mark.

§ 59.

Straffrei bleibt, wer seine unrichtigen oder unvollständigen Angaben, bevor eine Anzeige erstattet oder eine Untersuchung gegen ihn eingeleitet ist, bei der Behörde berichtigt oder ergänzt und den gefährdeten Wehrbeitrag, soweit er bereits fällig gewesen ist, entrichtet.

§ 60.

Wer in der nach § 42 Abs. 2 einzureichenden Nachweisung wissentlich unrichtige oder unvollständige Angaben macht, die geeignet sind, das Aufkommen an

Wehrbeiträgen zu gefährden, wird mit einer Geldstrafe bis zu dreitausend Mark bestraft.

Straffrei bleibt, wer seine unrichtigen oder unvollständigen Angaben, bevor eine Anzeige erstattet oder eine Untersuchung gegen ihn eingeleitet ist, bei der Behörde berichtigt oder ergänzt.

§ 61.

Die Einziehung des Wehrbeitrags erfolgt neben und unabhängig von der Bestrafung.

§ 62.

Beamte, Angestellte und ehrenamtliche Mitglieder von Behörden sowie Sachverständige werden, wenn sie die zu ihrer dienstlichen oder amtlichen Kenntnis gelangten Vermögens-, Erwerbs- oder Einkommensverhältnisse eines Beitragspflichtigen, insbesondere auch den Inhalt einer Vermögenserklärung oder der über sie gepflogenen Verhandlungen unbefugt offenbaren, mit Geldstrafe bis zu fünfzehnhundert Mark oder mit Gefängnis bis zu drei Monaten bestraft.

Die Strafverfolgung tritt nur ein auf Antrag der zuständigen Landesbehörde oder des Beitragspflichtigen, dessen Interesse an der Geheimhaltung verletzt ist.

§ 63.

Hinsichtlich des Verwaltungsstrafverfahrens, der Strafmilderung und des Erlasses der Strafe im Gnadenwege sowie hinsichtlich der Strafvollstreckung und der Verjährung der Strafverfolgung kommen, auch für die von der Zollgrenze ausgeschlossenen Gebietsteile, die sich auf Zollstrafen beziehenden Vorschriften mit der

Maßgabe zur Anwendung, daß an die Stelle der Hauptzollämter und Zolldirektivbehörden die durch die Landesregierung hierzu bestimmten Behörden treten.

Bei Zuwiderhandlungen gegen die Geheimhaltungspflicht (§ 62) findet die Strafverfolgung nur im gerichtlichen Verfahren statt.

§ 64.

Die festgesetzten Geldstrafen fallen der Staatskasse des Bundesstaats zu, von dessen Behörde die Strafentscheidung getroffen ist.

§ 65.

Die Umwandlung einer nicht beizutreibenden Geldstrafe in eine Freiheitsstrafe findet nicht statt.

§ 66.

Das Verfahren in Wehrbeitragsangelegenheiten ist vorbehaltlich der Vorschrift des § 44 kosten-, gebühren- und stempelfrei. Für das Rechtsmittel- und Strafverfahren bewendet es bei den sonst geltenden Vorschriften.

§ 67.

Die Reichsbevollmächtigten für Zölle und Steuern haben bei der Ausführung dieses Gesetzes die gleichen Befugnisse und Pflichten, die ihnen hinsichtlich der Zölle und Verbrauchssteuern beigelegt sind. Der Umfang und die Art der Tätigkeit der Reichsbevollmächtigten werden vom Reichskanzler im Einvernehmen mit den Bundesregierungen geregelt.

Unter Zustimmung des Bundesrats kann der Reichskanzler die Wahrnehmung der Geschäfte der Reichsbevollmächtigten für den Wehrbeitrag anderen Beamten übertragen.

§ 68.

Gibt ein Beitragspflichtiger bei der Veranlagung zum Wehrbeitrag oder in der Zwischenzeit seit dem Inkrafttreten dieses Gesetzes bei der Veranlagung zu einer direkten Staats- oder Gemeindesteuer Vermögen oder Einkommen an, das bisher der Besteuerung durch einen Bundesstaat oder eine Gemeinde entzogen worden ist, so bleibt er von der landesgesetzlichen Strafe und der Verpflichtung zur Nachzahlung der Steuer für frühere Jahre frei.

§ 69.

Die Einnahme aus dem Wehrbeitrage zuzüglich freiwilliger Beiträge ist ausschließlich zur Deckung der Kosten für die auf Grund der Vorlage an den Reichstag vom 28. März 1913 beschlossene Verstärkung der Wehrmacht zu verwenden. Als solche Kosten gelten die einmaligen Ausgaben und die fortdauernden Ausgaben der Jahre 1913 bis 1916, soweit diese nicht aus dem Ertrage der erlassenen oder noch zu erlassenden Deckungsgesetze oder aus laufenden Einnahmen bestritten werden können.

Wenn nach dem Voranschlage für das Jahr 1915 die Einnahme aus dem Wehrbeitrage die Ausgaben, zu deren Deckung sie bestimmt ist, überschreitet, ist der Mehrbetrag zur Kürzung des letzten Drittels des Wehrbeitrags nach Maßgabe des Reichshaushaltsgesetzes bereitzustellen.

§ 70.

Die Ausführungsbestimmungen zu diesem Gesetz erläßt der Bundesrat. Er bestimmt auf Antrag der Landesregierung, ob und mit welcher Maßgabe die Unterlagen der landesrechtlichen Steuerveranlagung bei der Feststellung des Wehrbeitrags benutzt werden können.

Urkundlich unter Unserer Höchsteigenhändigen Unterschrift und beigedrucktem Kaiserlichen Insiegel.

Gegeben Kiel, den 3. Juli 1913.

(L. S.) Wilhelm.

von Bethmann Hollweg.

(Nr. 4252.)

II.

Besitzsteuergesetz.

Vom 3. Juli 1913.

(RGBl. Nr. 41 S. 524—547.)

Wir Wilhelm, von Gottes Gnaden Deutscher Kaiser, König von Preußen ꝛc.
verordnen im Namen des Reichs, nach erfolgter Zustimmung des Bundesrats und des Reichstags, was folgt:

Steuerpflicht.

§ 1.

Von dem Vermögenszuwachs wird für das Reich nach den Vorschriften dieses Gesetzes eine Abgabe (Besitzsteuer) erhoben.

§ 2.

Als Vermögen im Sinne des § 1 gilt, soweit das Gesetz nichts anderes vorschreibt, das gesamte bewegliche und unbewegliche Vermögen nach Abzug der Schulden. Es umfaßt:

1. Grundstücke einschließlich des Zubehörs (Grundvermögen);
2. das dem Betriebe der Land- oder Forstwirtschaft, des Bergbaues oder eines Gewerbes dienende Vermögen (Betriebsvermögen);

3. das gesamte sonstige Vermögen, das nicht Grund- oder Betriebsvermögen ist (Kapitalvermögen).

§ 3.

Den Grundstücken (§ 2 Nr. 1) stehen gleich Berechtigungen, für welche die sich auf Grundstücke beziehenden Vorschriften des bürgerlichen Rechtes gelten.

§ 4.

Zum Betriebsvermögen (§ 2 Nr. 2) gehören alle dem Unternehmen gewidmeten Gegenstände.

Das Betriebsvermögen einer offenen Handelsgesellschaft oder einer anderen Erwerbsgesellschaft, bei welcher der Gesellschafter als Unternehmer (Mitunternehmer) des Betriebs anzusehen ist, wird den einzelnen Teilhabern nach dem Verhältnis ihres Anteils zugerechnet.

§ 5.

Zum steuerbaren Vermögen gehört nicht das im Ausland befindliche Grund- und Betriebsvermögen.

§ 6.

Als Kapitalvermögen (§ 2 Nr. 3) kommen insbesondere, soweit die einzelnen Vermögensgegenstände nicht unter § 2 Nr. 1, § 3 oder unter § 2 Nr. 2, § 4 fallen, in Betracht:

1. selbständige Rechte und Gerechtigkeiten;
2. verzinsliche und unverzinsliche Kapitalforderungen jeder Art;
3. Aktien oder Anteilscheine, Kuxe, Geschäftsguthaben bei Genossenschaften, Geschäftsanteile und andere Gesellschaftseinlagen;

4. bares Geld deutscher Währung, fremde Geldsorten, Banknoten und Kassenscheine, ausgenommen die aus den laufenden Jahreseinkünften vorhandenen Bestände, und Bank- oder sonstige Guthaben, soweit sie zur Bestreitung der laufenden Ausgaben für drei Monate dienen, sowie Gold und Silber in Barren;
5. der Kapitalwert der Rechte auf Renten und andere wiederkehrende Nutzungen und Leistungen, welche dem Berechtigten auf seine Lebenszeit oder auf die Lebenszeit eines anderen, auf unbestimmte Zeit oder auf die Dauer von mindestens zehn Jahren entweder vertragsmäßig als Gegenleistung für die Hingabe von Vermögenswerten oder aus letztwilligen Verfügungen, Schenkungen oder Familienstiftungen oder vermöge hausgesetzlicher Bestimmungen zustehen;
6. noch nicht fällige Ansprüche aus Lebens- und Kapitalversicherungen oder Rentenversicherungen, aus denen der Berechtigte noch nicht in den Rentenbezug eingetreten ist.

§ 7.

Die Vorschrift im § 6 Nr. 5 gilt nicht

a) für Ansprüche an Witwen-, Waisen- und Pensionskassen;
b) für Ansprüche aus einer Kranken- oder Unfallversicherung, aus der Reichsversicherung oder der gesetzlichen Versicherung der Angestellten;
c) für Renten und ähnliche Bezüge, die mit Rücksicht auf ein früheres Arbeits- oder Dienstverhältnis gewährt werden.

§ 8.

Als steuerbares Vermögen gelten nicht Möbel, Hausrat und andere nicht unter § 6 fallende bewegliche körperliche Gegenstände, sofern sie nicht als Zubehör eines Grundstücks (§ 2 Nr. 1, § 3) oder als Bestandteil eines Betriebsvermögens (§ 2 Nr. 2, § 4) anzusehen sind.

§ 9.

Das zu einem Lehen, Fideikommiß oder Stammgut gehörige Vermögen gilt als Vermögen des Inhabers.

§ 10.

Von dem Vermögen sind abzuziehen die dinglichen und persönlichen Schulden des Steuerpflichtigen sowie der Wert der dem Steuerpflichtigen obliegenden oder auf einem Lehen, Fideikommiß oder Stammgut ruhenden Leistungen der im § 6 Nr. 5 bezeichneten Art.

Nicht abzugsfähig sind

a) Schulden, die zur Bestreitung der laufenden Haushaltungskosten eingegangen sind (Haushaltungsschulden);

b) Schulden und Lasten, welche in wirtschaftlicher Beziehung zu nicht steuerbaren Vermögensteilen stehen.

Beschränkt sich die Zuwachsbesteuerung auf das inländische Grund- und Betriebsvermögen (§ 11 Nr. II), so sind nur die in einer wirtschaftlichen Beziehung zu diesen Vermögensteilen stehenden Schulden und Lasten abzugsfähig.

§ 11.

Steuerpflichtig sind

I. mit dem Zuwachs an dem gesamten steuerbaren Vermögen:

1. die Angehörigen des Deutschen Reichs, mit Ausnahme derer, die sich seit länger als zwei Jahren dauernd im Ausland aufhalten, ohne einen Wohnsitz in einem deutschen Bundesstaate zu haben. Die Ausnahme findet keine Anwendung auf Reichs- und Staatsbeamte, die im Ausland ihren dienstlichen Wohnsitz haben. Wahlkonsuln gelten nicht als Beamte im Sinne dieser Vorschrift;
2. Ausländer, wenn sie im Deutschen Reiche einen Wohnsitz oder in Ermangelung eines Wohnsitzes ihren dauernden Aufenthalt haben;

II. mit dem Zuwachs an dem inländischen Grund- und Betriebsvermögen:

alle natürlichen Personen ohne Rücksicht auf Staatsangehörigkeit, Wohnsitz oder Aufenthalt.

Der Reichskanzler kann zum Zwecke der Vermeidung einer Doppelbesteuerung oder der Anwendung eines Vergeltungsrechts gegenüber außerdeutschen Staaten mit Zustimmung des Bundesrats Anordnungen treffen, die von den Vorschriften in Nr. I und dem § 5 abweichen.

§ 12.

Die Abgabe wird nicht erhoben von dem Zuwachs, der den Betrag von zehntausend Mark nicht übersteigt.

§ 13.

Vermögen, die den Gesamtwert von zwanzigtausend Mark nicht übersteigen, unterliegen der Zuwachsbesteuerung nicht.

Bei Vermögen über zwanzigtausend Mark, aber nicht über dreißigtausend Mark Gesamtwert, unterliegt der nach § 12 steuerpflichtige Zuwachs nur insofern der Steuer, als durch ihn die steuerfreie Grenze (Abs. 1) überschritten wird.

§ 14.

Für die Veranlagung der Besitzsteuer wird das Vermögen der Ehegatten zusammengerechnet, sofern sie nicht dauernd voneinander getrennt leben. Die Ehegatten sind, falls ihr Vermögen hiernach zusammenzurechnen ist, der Staatskasse als Gesamtschuldner der Steuer verpflichtet.

§ 15.

Ist ein Ehegatte innerhalb des Veranlagungszeitraums (§§ 18 bis 22) gestorben, so ist der aus dem Erbfall herrührende Zuwachs des überlebenden Ehegatten insoweit steuerfrei, als das ererbte Vermögen in der Hand des anderen Eheteils oder gemäß § 14 nicht mehr der Zuwachsbesteuerung unterliegen würde.

§ 16.

Von dem nach den Vorschriften dieses Gesetzes festgestellten Vermögenszuwachs ist abzuziehen der Betrag einer Kapitalabfindung, die als Entschädigung für den durch Körperverletzung herbeigeführten gänzlichen oder teilweisen Verlust der Erwerbsfähigkeit gezahlt worden oder zu zahlen ist.

§ 17.

Steht das der Besteuerung unterliegende Vermögen in Nutznießung, so fällt, wenn nicht rechtsgeschäftlich etwas anderes bestimmt ist, die Besitzsteuer dem Eigentümer zur Last.

Feststellung des Vermögenszuwachses, Veranlagungs- und Erhebungszeitraum.

§ 18.

Die Feststellung des Vermögenszuwachses erfolgt erstmals zum 1. April 1917 für den in der Zeit vom 1. Januar 1914 bis zum 31. Dezember 1916 entstandenen Zuwachs, späterhin in Zeitabständen von drei zu drei Jahren für den in den vorangegangenen drei Kalenderjahren entstandenen Zuwachs.

§ 19.

Als Vermögenszuwachs gilt der Unterschied zwischen dem reinen Werte des steuerbaren Gesamtvermögens am Ende des jeweiligen Veranlagungszeitraums (§ 18) und dem reinen Werte des steuerbaren Gesamtvermögens am Anfang dieses Zeitraums, soweit in den §§ 21, 22 nichts anderes bestimmt ist.

Der Unterschied (Abs. 1) verringert sich um den Betrag, um den die Summe der abzugsfähigen Schulden und Lasten den Gesamtwert des Aktivvermögens des Steuerpflichtigen zu Beginn des maßgebenden Zeitraums überstiegen hat.

§ 20.

Als Wert des steuerbaren Vermögens am 1. Januar 1914 gilt das nach dem Wehrbeitragsgesetze festgestellte

Vermögen mit der Maßgabe, daß Abweichungen in der Vermögensfeststellung, die sich bei Anwendung der Vorschriften des Besitzsteuergesetzes ergeben hätten, entsprechend zu berücksichtigen sind.

§ 21.

War der Steuerpflichtige zu dieser Besitzsteuer veranlagt, so gilt in der Folgezeit als Vermögenszuwachs der Unterschied zwischen dem reinen Werte des steuerbaren Gesamtvermögens am Ende des jeweiligen neuen Veranlagungszeitraums und dem letzten Vermögensstande, der zu einer Steuererhebung geführt hat.

Hat sich bei den früheren Veranlagungen kein steuerpflichtiger Vermögenszuwachs ergeben, so gilt als Vermögenszuwachs der Unterschied zwischen dem reinen Werte des steuerbaren Gesamtvermögens am Ende des jeweiligen neuen Veranlagungszeitraums und dem Vermögensstand an dem ersten für die Steuerpflicht in Betracht kommenden Zeitpunkt.

§ 22.

Wird die persönliche Steuerpflicht (§ 11) erst innerhalb eines Veranlagungszeitraums (§ 18) begründet, so erfolgt die erste Feststellung des Vermögens für das zur Zeit des Eintritts der Steuerpflicht vorhandene steuerbare Vermögen des Steuerpflichtigen.

Die Vorschrift des Abs. 1 gilt im Falle der Erweiterung der Steuerpflicht entsprechend für das durch die erweiterte Steuerpflicht neu erfaßte Vermögen des Steuerpflichtigen.

§ 23.

Ist die Steuerpflicht nur nach § 11 Nr. II begründet, so werden dem ersten maßgebenden Vermögensstand alle nachweislich aus dem der Besteuerung nicht unterworfenen Vermögen des Steuerpflichtigen gemachten, nicht zu den laufenden Wirtschaftsausgaben zählenden Aufwendungen für steuerpflichtige Vermögensteile hinzugerechnet.

Die Anrechnung nach Abs. 1 erfolgt insoweit nicht, als den Aufwendungen ein Vermögen gegenübersteht, das im maßgebenden Zeitraum der Besteuerung entzogen worden ist.

§ 24.

Die Entrichtung der Besitzsteuer verteilt sich auf einen dem Veranlagungszeitraume (§ 18) folgenden, mit dem 1. April beginnenden dreijährigen Zeitraum (Erhebungszeitraum).

Steuersätze.

§ 25.

Die Steuer beträgt für den ganzen Erhebungszeitraum (§ 24) bei einem steuerpflichtigen Vermögenszuwachse von

nicht mehr als 50 000 Mark		0,75 v. H. des Zuwachses,
mehr als	bis zu	
50 000 Mark	100 000 „	0,90 „ „ „ „ ,
100 000 „	300 000 „	1,05 „ „ „ „ ,
300 000 „	500 000 „	1,20 „ „ „ „ ,
500 000 „	1 000 000 „	1,35 „ „ „ „ ,
1 000 000 „		1,50 „ „ „ „ .

Übersteigt der Gesamtwert des steuerbaren Vermögens eines Steuerpflichtigen den Betrag von

100 000 Mark, so erhöht sich der Steuersatz um 0,1 vom Hundert des Zuwachses,
200 000 Mark, so erhöht sich der Steuersatz um 0,2 vom Hundert des Zuwachses,
300 000 Mark, so erhöht sich der Steuersatz um 0,3 vom Hundert des Zuwachses,
400 000 Mark, so erhöht sich der Steuersatz um 0,4 vom Hundert des Zuwachses,
500 000 Mark, so erhöht sich der Steuersatz um 0,5 vom Hundert des Zuwachses,
750 000 Mark, so erhöht sich der Steuersatz um 0,6 vom Hundert des Zuwachses,
1 000 000 Mark, so erhöht sich der Steuersatz um 0,7 vom Hundert des Zuwachses,
2 000 000 Mark, so erhöht sich der Steuersatz um 0,8 vom Hundert des Zuwachses,
5 000 000 Mark, so erhöht sich der Steuersatz um 0,9 vom Hundert des Zuwachses,
10 000 000 Mark, so erhöht sich der Steuersatz um 1 vom Hundert des Zuwachses.

§ 26.

Der Unterschied zwischen der Steuer, die zu zahlen wäre, wenn der Vermögenszuwachs nur die vorangehende, im § 25 Abs. 1 bezeichnete Wertgrenze erreicht hätte, und zwischen der Steuer, die nach dem gesetzlichen Satze berechnet ist, wird nur insoweit erhoben, als er aus der Hälfte des jene Wertgrenze übersteigenden Betrags des Zuwachses gedeckt werden kann.

§ 27.

Gewährt der Steuerpflichtige, dessen Vermögen den Betrag von hunderttausend Mark nicht übersteigt, Kindern auf Grund gesetzlicher Verpflichtung (§§ 1601 bis 1615 des Bürgerlichen Gesetzbuchs) Unterhalt, so ermäßigt sich die Steuer für das dritte und jedes weitere minderjährige Kind um fünf vom Hundert ihres Betrags.

Fällt in den Veranlagungszeitraum der Erwerb einer Erbschaft, so ermäßigt sich, wenn der Erbe ein Abkömmling des Erblassers ist und zur Zeit des Erbfalls das 21. Lebensjahr noch nicht vollendet hat, und wenn das steuerbare Vermögen den Gesamtwert von fünfzigtausend Mark nicht übersteigt, die Abgabe um einen Betrag, der für jedes bis zur Vollendung des 21. Lebensjahrs fehlende volle Jahr auf fünf vom Hundert der Abgabe berechnet wird. Die Gesamtermäßigung darf fünfzig vom Hundert der Abgabe nicht übersteigen.

Wertermittelung.

§ 28.

Für die Steuerpflicht und die Ermittelung der Vermögenswerte ist maßgebend der Stand in den in §§ 18 bis 22 bezeichneten Zeitpunkten.

Für Betriebe, bei denen regelmäßige jährliche Abschlüsse stattfinden, kann der Vermögensfeststellung der Vermögensstand am Schlusse des letzten Wirtschafts- oder Rechnungsjahrs zugrunde gelegt werden.

Bei der Veranlagung der Besitzsteuer wird das Vermögen des Steuerpflichtigen auf volle Tausende nach unten abgerundet.

§ 29.

Bei der Feststellung des Vermögens ist der gemeine Wert (Verkaufswert) seiner einzelnen Bestandteile zugrunde zu legen, sofern das Gesetz nichts anderes vorschreibt.

§ 30.

Bei Grundstücken tritt auf Antrag des Steuerpflichtigen an die Stelle des gemeinen Wertes der Betrag der nachgewiesenen oder glaubhaft gemachten Gestehungskosten.

Zu den Gestehungskosten sind zu rechnen der Gesamtwert der Gegenleistungen beim Erwerb (Erwerbspreis), sonstige Anschaffungskosten sowie alle auf das Grundstück gemachten besonderen Aufwendungen während der Besitzzeit, soweit sie nicht zu den laufenden Wirtschaftsausgaben gehören und soweit die durch die Aufwendungen hergestellten Bauten und Verbesserungen noch vorhanden sind. Von den Gestehungskosten sind die durch Abnutzung entstandenen Wertminderungen abzuziehen.

§ 31.

Beim Erwerbe von Todes wegen im Sinne der §§ 1 bis 4 des Erbschaftssteuergesetzes, beim Erwerb im Wege der Erbteilung, beim Erwerbe von Eltern, Großeltern oder entfernteren Voreltern sowie beim Erwerb auf Grund einer ohne entsprechende Gegenleistung erfolgten Zuwendung unter Lebenden tritt an die Stelle des Erwerbspreises, soweit die Grundstücke dauernd land- oder forstwirtschaftlichen oder gärtnerischen Zwecken zu dienen bestimmt sind, oder soweit bebaute Grundstücke Wohnzwecken oder gewerblichen

Zwecken zu dienen bestimmt sind und ihre Bebauung und Benutzung der ortsüblichen Bebauung und Benutzung entspricht, der Ertragswert, sonst der gemeine Wert zur Zeit des Erwerbes.

Als Ertragswert gilt bei land- oder forstwirtschaftlichen oder Gärtnereigrundstücken das Fünfundzwanzigfache des Reinertrags, den sie nach ihrer bisherigen wirtschaftlichen Bestimmung bei ordnungsmäßiger Bewirtschaftung mit entlohnten fremden Arbeitskräften nachhaltig gewähren können.

Die der Land- und Forstwirtschaft oder der Gärtnerei dienenden Gebäude und Betriebsmittel werden nicht besonders veranlagt, sondern sind in der Veranlagung des Ertragswerts einbegriffen.

Bei bebauten Grundstücken, die Wohnzwecken oder gewerblichen Zwecken zu dienen bestimmt sind, gilt als Ertragswert das Fünfundzwanzigfache des Miet- oder Pachtertrags, der in den letzten drei Jahren im Durchschnitt erzielt worden ist oder im Falle der Vermietung oder Verpachtung hätte erzielt werden können, nach Abzug von einem Fünftel für Nebenleistungen und Instandhaltungskosten oder von dem als erforderlich nachgewiesenen höheren Betrag für Nebenleistungen und Instandhaltungskosten ohne Rücksicht darauf, ob die hierzu notwendigen Arbeiten von dem Steuerpflichtigen selbst oder durch entlohnte fremde Arbeitskräfte geleistet worden sind.

In allen Fällen kann der Steuerpflichtige verlangen, daß statt des Ertragswerts der gemeine Wert der Veranlagung zugrunde gelegt wird. Dieses Recht erlischt, wenn es nicht spätestens bis zum Ablauf der mit der Zustellung des Steuer- oder des Feststellungsbescheids eröffneten Rechtsmittelfrist geltend gemacht wird.

§ 32.

Die Vorschrift des § 31 findet in anderen Erwerbsfällen entsprechende Anwendung, wenn der vereinbarte Preis um mehr als 10 vom Hundert hinter dem gemeinen Werte zur Zeit des Erwerbes und, sofern bei Grundstücken der Ertragswert zugrunde gelegt werden kann, zugleich auch hinter dem Ertragswert zur Zeit des Erwerbes zurückgeblieben ist.

§ 33.

Hat der Erwerb vor dem 1. Januar 1914 stattgefunden, so gilt der bei der Veranlagung des Wehrbeitrags festgestellte Wert eines Grundstücks als Betrag der bis dahin entstandenen Gestehungskosten.

§ 34.

Wertpapiere, die in Deutschland einen Börsenkurs haben, sind mit dem Kurswert, Forderungen, die in das Schuldbuch einer öffentlichen Körperschaft eingetragen sind, mit dem Kurswert der entsprechenden Schuldverschreibungen der öffentlichen Körperschaft anzusetzen.

Der Steuerpflichtige ist berechtigt, von dem Werte der mit Dividendenschein gehandelten Wertpapiere (§ 6) den Betrag in Abzug zu bringen, der für die seit Auszahlung des letzten Gewinns abgelaufene Zeit dem letztmalig verteilten Gewinn entspricht.

§ 35.

Bei Aktien ohne Börsenkurs, bei Kuxen, Anteilen an einer Bergwerksgesellschaft oder bei Anteilen einer Gesellschaft mit beschränkter Haftung ist der Verkaufswert der Aktien, Kuxe oder Anteile anzusetzen. Sofern ein solcher nicht zu ermitteln ist, ist der Wert der Aktie, des Kuxes oder des Anteils unter Berücksichtigung des Gesamtvermögens der Gesellschaft oder Gewerkschaft und der in der Vergangenheit erzielten Gewinne nach freiem Ermessen zu schätzen. Hierbei bleiben diejenigen Beträge der Jahresgewinne unberücksichtigt, welche unter Zugrundelegung der ortsüblichen Preise als Entgelt für gelieferte Rohstoffe anzusehen sind. Im Streitfall soll die Steuerbehörde die Schätzung des Wertes durch Sachverständige anordnen, die von der zuständigen Handelsvertretung oder der des nächstbelegenen Bezirkes zu ernennen sind.

§ 36.

Andere Kapitalforderungen und Schulden sind mit gem Nennwert anzusetzen, sofern nicht besondere Umstände die Veranschlagung nach einem vom Nennwert abweichenden höheren oder geringeren Werte begründen.

Noch nicht fällige Ansprüche aus Lebens-, Kapital- und Rentenversicherungen kommen mit zwei Dritteln der Summe der eingezahlten Prämien oder Kapitalbeiträge, falls aber der Betrag nachgewiesen wird, für welchen die Versicherungsanstalt die Police zurückkaufen würde, mit diesem Rückkaufswert in Anrechnung.

§ 37.

Der Gesamtwert der auf bestimmte Zeit beschränkten Nutzungen oder Leistungen ist unter Abrechnung der Zwischenzinsen durch Zusammenzählung der einzelnen Jahreswerte zu berechnen. Der Gesamtwert darf den zum gesetzlichen Zinssatz kapitalisierten Jahreswert nicht übersteigen.

Immerwährende Nutzungen oder Leistungen sind mit dem Fünfundzwanzigfachen des einjährigen Betrags, Nutzungen oder Leistungen von unbestimmter Dauer vorbehaltlich der Vorschriften der §§ 38, 39 mit dem Zwölfundeinhalbfachen des einjährigen Betrags zu veranschlagen.

§ 38.

Der Wert von Renten oder anderen auf die Lebenszeit einer Person beschränkten Nutzungen und Leistungen bestimmt sich nach dem Lebensalter der Person, mit deren Tode das Recht erlischt.

Als Wert wird angenommen bei einem Alter

1.		bis zu 15	Jahren	das	18 fache,
2.	von mehr als 15	„ „ 25	„	„	17 „ ,
3.	„ „ „ 25	„ „ 35	„	„	16 „ ,
4.	„ „ „ 35	„ „ 45	„	„	14 „ ,
5.	„ „ „ 45	„ „ 55	„	„	12 „ ,
6.	„ „ „ 55	„ „ 65	„	„	8½ „ ,
7.	„ „ „ 65	„ „ 75	„	„	5 „ ,
8.	„ „ „ 75	„ „ 80	„	„	3 „ ,
9.	„ „ „ 80		„	„	2 „

des Wertes der einjährigen Nutzung.

Hat jedoch eine nach Abs. 2 bewertete Nutzung oder Leistung im Falle der

Nr. 1 nicht mehr als 9 Jahre,
Nr. 2, 3 „ „ „ 8 „ ,
Nr. 4 „ „ „ 7 „ ,
Nr. 5 „ „ „ 6 „ ,
Nr. 6 „ „ „ 4 „ ,
Nr. 7 bis 9 nicht mehr als 2 Jahre

bestanden, so ist auf Antrag eine Berichtigung der Veranlagung unter Zugrundelegung eines der wirklichen Dauer der Nutzung oder Leistung entsprechenden Kapitalwerts vorzunehmen und die zuviel gezahlte Steuer zu erstatten. In gleicher Weise hat eine Nachveranlagung stattzufinden, wenn die Nutzung oder Leistung den Wert eines Vermögensteils vermindert hat.

§ 39.

Hängt die Dauer der Nutzung oder Leistung von der Lebenszeit mehrerer Personen ab, so ist maßgebend das Lebensalter der ältesten Person, wenn das Recht mit dem Tode der zuerst versterbenden Person erlischt, das Lebensalter der jüngsten Person, wenn das Recht mit dem Tode der letztversterbenden Person erlischt.

§ 40.

Der einjährige Betrag der Nutzung einer Geldsumme ist zu vier vom Hundert anzunehmen, falls er nicht anderweit feststeht.

§ 41.

Vom Kapitalwert unverzinslicher befristeter Forderungen und Schulden kommen für die Zeit bis zu ihrer Fälligkeit vier vom Hundert Jahreszinsen in Abzug.

§ 42.

Vermögen, dessen Erwerb von dem Eintritt einer aufschiebenden Bedingung abhängt, bleibt bei der Feststellung unberücksichtigt.

§ 43.

Vermögen, das unter einer auflösenden Bedingung erworben ist, wird unbeschadet der Vorschriften über die Berechnung des Kapitalwerts der Nutzungen von unbestimmter Dauer (§ 37 Abs. 2, §§ 38, 39) wie unbedingt erworbenes behandelt.

Tritt die Bedingung ein, so erfolgt auf Antrag eine Berichtigung der früheren Veranlagung entsprechend dem tatsächlichen Werte des Erwerbes.

§ 44.

Hängen Lasten, die den Wert des Vermögens vermindern, von dem Eintritt einer aufschiebenden Bedingung ab, so werden sie nicht berücksichtigt.

Tritt die Bedingung ein, so ist auf Antrag die Veranlagung entsprechend zu berichtigen.

Den Lasten, die von einer aufschiebenden Bedingung abhängen, stehen zweifelhafte Lasten gleich.

§ 45.

Lasten, deren Fortdauer von einer auflösenden Bedingung abhängt, werden wie unbedingte vom Vermögen abgezogen, soweit nicht deren Kapitalwert nach § 37 Abs. 2, §§ 38, 39 zu berechnen ist. § 38 Abs. 3 Satz 2 findet entsprechende Anwendung.

§ 46.

Die Vorschriften der §§ 42 bis 45 gelten auch, wenn der Erwerb oder die Last von einem Ereignis abhängt, das nur hinsichtlich des Zeitpunkts seines Eintritts ungewiß ist.

§ 47.

Unbeitreibliche Forderungen bleiben außer Ansatz.

Zuständigkeit für Veranlagung und Erhebung der Besitzsteuer.

§ 48.

Für die Verwaltung der Besitzsteuer ist der Bundesstaat zuständig, in welchem der Steuerpflichtige zur Zeit der Veranlagung seinen Wohnsitz oder in Ermangelung eines Wohnsitzes seinen gewöhnlichen Aufenthalt hat.

Bei mehrfachem Wohnsitz im Inland ist der dienstliche Wohnsitz vor einem anderen Wohnsitz, der Wohnsitz in dem Heimatstaate vor dem Wohnsitz in einem anderen Bundesstaat und, wenn keiner dieser Fälle vorliegt, der Wohnsitz an dem Orte maßgebend, an welchem der Steuerpflichtige sich vorwiegend aufhält.

Steuerpflichtige, welche zur Zeit der Veranlagung im Inland weder einen Wohnsitz noch ihren gewöhnlichen Aufenthalt haben, sind in dem Bundesstaate zu veranlagen, in welchem sie ihren letzten inländischen Wohnsitz oder Aufenthalt gehabt haben.

Der Bundesrat kann weitere Bestimmungen über die Zuständigkeit der Bundesstaaten zur Verwaltung und Erhebung der Steuer erlassen. Er entscheidet auch auf Anrufen eines Bundesstaats, wenn zwischen mehreren Bundesstaaten Meinungsverschiedenheit über ihre Zuständigkeit herrscht.

§ 49.

Die Landesregierung bestimmt die für die Verwaltung der Besitzsteuer zuständigen Behörden (Besitzsteuerämter). Sie bestimmt auch, ob und inwieweit zur Mitwirkung bei der Veranlagung und zur Erhebung der Besitzsteuer Gemeinden oder Gemeindeverbände heranzuziehen sind. Die Besitzsteuerämter unterstehen Oberbehörden und diese der obersten Landesfinanzbehörde.

§ 50.

Die Reichsbevollmächtigten für Zölle und Steuern haben bei der Ausführung dieses Gesetzes die gleichen Befugnisse und Pflichten, die ihnen hinsichtlich der Zölle und Verbrauchssteuern beigelegt sind.

In den Staaten, in denen die Geschäfte der Oberbehörde für die Besitzsteuer anderen Behörden als den Zolldirektivbehörden übertragen sind, werden der Umfang und die Art der Tätigkeit der Reichsbevollmächtigten vom Reichskanzler im Einvernehmen mit den beteiligten Bundesregierungen geregelt.

Unter Zustimmung des Bundesrats kann der Reichskanzler die Wahrnehmung der Geschäfte der Reichsbevollmächtigten für die Besitzsteuer anderen Beamten übertragen.

Dem Reichstag ist alljährlich über die Tätigkeit der Reichsbevollmächtigten, soweit sie sich auf die Ausführung dieses Gesetzes bezieht, Bericht zu erstatten.

Personenstandsaufnahme.

§ 51.

Jeder Besitzer eines bewohnten Grundstücks oder dessen Vertreter ist verpflichtet, der mit der Vorbereitung der Veranlagung betrauten Behörde auf deren Verlangen die sämtlichen Bewohner des Grundstücks mit Namen, Berufsstellung, Geburtsort und Geburtstag anzugeben. Die Haushaltungsvorstände haben den Hausbesitzern oder deren Vertretern die erforderliche

Auskunft über die zu ihrem Hausstand gehörigen Personen einschließlich der Unter- und Schlafstellenmieter zu erteilen.

Besitzsteuererklärung.

§ 52.

Zur Abgabe einer Besitzsteuererklärung sind alle Personen mit einem steuerbaren Vermögen von zwanzigtausend Mark und darüber verpflichtet, wenn sie früher weder zum Wehrbeitrage noch zur Besitzsteuer veranlagt worden sind, sowie alle Personen, deren Vermögen sich seit der Veranlagung zum Wehrbeitrag oder gegenüber dem für eine künftige Veranlagung zur Besitzsteuer als maßgebend festgestellten Vermögensstande (§ 65) um mehr als zehntausend Mark erhöht hat. Der Bundesrat bestimmt die Fristen zur Abgabe der Besitzsteuererklärung.

Die Steuerbehörde ist außerdem berechtigt, von jedem Steuerpflichtigen (§ 11) binnen einer von ihr festzusetzenden Frist, die mindestens zwei Wochen betragen muß, die Abgabe einer Besitzsteuererklärung zu verlangen.

Die Besitzsteuererklärung ist unter der Versicherung zu erstatten, daß die Angaben nach bestem Wissen und Gewissen gemacht sind.

§ 53.

In der Besitzsteuererklärung hat der Steuerpflichtige seine Vermögensverhältnisse zu den in den §§ 18 bis 22 bezeichneten Zeitpunkten klarzulegen und zu diesem Zwecke nach näherer Bestimmung des Bundesrats das gesamte steuerbare Vermögen getrennt nach seinen einzelnen Bestandteilen unter Angabe ihres Wertes aufzuführen.

Soweit die Vermögenswerte sich nicht aus dem Nenn- oder Kurswert oder dem Betrage der geleisteten Zahlungen ergeben, kann der Steuerpflichtige sich in der Besitzsteuererklärung auf die tatsächlichen Mitteilungen beschränken, die er behufs Schätzung des Wertes beizubringen vermag.

§ 54.

Der Steuerpflichtige kann zur Abgabe der Besitzsteuererklärung mit Geldstrafen bis zu fünfhundert Mark angehalten werden.

Dem Steuerpflichtigen, der die ihm nach § 52 obliegende Besitzsteuererklärung nicht rechtzeitig abgibt, kann ein Zuschlag von 5 bis 10 vom Hundert der rechtskräftig festgestellten Besitzsteuer auferlegt werden.

§ 55.

Die Veranlagungsbehörde prüft die Angaben in der Besitzsteuererklärung und stellt, gegebenenfalls nach Vornahme der erforderlichen Ermittelungen, die Höhe des steuerbaren Vermögens fest.

§ 56.

Die Steuerbehörde kann Zeugen und Sachverständige uneidlich vernehmen. Das Zeugnis oder Gutachten darf nur unter den Voraussetzungen verweigert werden, welche nach den Vorschriften der Zivilprozeßordnung (§§ 383 bis 385, 407, 408) zur Ablehnung eines Zeugnisses oder Gutachtens berechtigen.

Zeugen und Sachverständige können zur Abgabe des Zeugnisses oder Gutachtens mit Geldstrafen bis zu einhundertfünfzig Mark angehalten werden.

§ 57.

Der Steuerpflichtige hat auf Erfordern die Höhe seines Vermögens nachzuweisen. Er ist insbesondere verpflichtet, der Steuerbehörde Wirtschafts- oder Geschäftsbücher, Verträge, Schuldverschreibungen, Zinsquittungen, Abrechnungen von Banken oder ähnlichen Unternehmungen und andere Schriftstücke, welche für die Besitzsteuerveranlagung von Bedeutung sind, zur Einsicht und Prüfung vorzulegen.

Die Einsichtnahme und Prüfung der Bücher und Schriftstücke des Steuerpflichtigen soll tunlichst in dessen Wohnung oder Geschäftsräumen erfolgen.

§ 58.

Die Vorstände oder Geschäftsführer der im § 35 bezeichneten Gesellschaften, die ihren Sitz im Inland haben oder Vermögen im Inland besitzen, haben dem Steuerpflichtigen die erforderlichen Mitteilungen über den Wert seiner Aktien oder Gesellschaftsanteile zu machen.

Sie sind außerdem verpflichtet, der Steuerbehörde auf Verlangen binnen einer Frist von vier Wochen eine Nachweisung einzureichen, welche enthält:

1. die Höhe des Grundkapitals oder der Stammeinlagen,
2. den Betrag der in den vorausgegangenen drei Jahren jährlich verteilten Gewinne,

3. die tatsächlichen Mitteilungen, die sie zur Schätzung des Wertes der Aktien, Anteile oder Kuxe beizubringen vermögen.

Die Nachweisung ist mit der Versicherung zu versehen, daß die Angaben nach bestem Wissen und Gewissen gemacht sind.

Die Verpflichteten können zur Abgabe der Nachweisung mit Geldstrafen bis zu fünfhundert Mark angehalten werden.

§ 59.

Die Vorschriften der §§ 52 bis 54, 57 gelten auch für den gesetzlichen Vertreter des Steuerpflichtigen hinsichtlich des seiner Verwaltung unterliegenden Vermögens.

§ 60.

Die Kosten der Ermittelungen fallen dem Steuerpflichtigen zur Last, wenn der endgültig festgestellte Vermögenswert den vom Steuerpflichtigen angegebenen Wert um mehr als ein Drittel übersteigt oder wenn sich seine Angaben in wesentlichen Punkten als unrichtig erweisen oder wenn er trotz ergangener Aufforderung keine oder nur ungenügende Angaben über seine Vermögensverhältnisse gemacht hat.

§ 61.

Den Steuerbehörden haben die Standesämter von den eingetretenen Sterbefällen, die Gerichte von den ergangenen Todeserklärungen Mitteilung zu machen.

§ 62.

Innerhalb sechs Monaten nach dem Tode eines Steuerpflichtigen kann die Steuerbehörde von den

Erben oder, falls ein Testamentsvollstrecker oder ein Nachlaßpfleger bestellt ist, von diesen Personen unter Hinweis auf die Strafvorschrift des § 81 die Vorlage eines Verzeichnisses über das vom Verstorbenen hinterlassene Kapital- und Betriebsvermögen (§ 2 Nr. 2, 3) verlangen.

Das Verzeichnis ist binnen vier Wochen nach Zustellung der Aufforderung der Steuerbehörde einzureichen und mit der Versicherung zu versehen, daß die Angaben nach bestem Wissen und Gewissen gemacht sind.

Die Pflicht zur Einreichung eines Verzeichnisses besteht nicht, wenn auf Grund des Erbschaftssteuergesetzes vom 3. Juni 1906 eine den gesamten Nachlaß umfassende Erbschaftssteuererklärung zu erstatten ist.

Die im Abs. 1 genannten Personen können zur Erfüllung der ihnen hiernach obliegenden Verpflichtung mit Geldstrafen bis zu einhundertfünfzig Mark angehalten werden.

§ 63.

Die Reichs-, Staats- und Gemeindebehörden sind verpflichtet, den Steuerbehörden auf Ersuchen aus Büchern, Akten, Urkunden usw. Auskunft über die Vermögensverhältnisse des Steuerpflichtigen zu erteilen oder ihnen Einsicht in solche, die Vermögensverhältnisse betreffenden Bücher, Akten, Urkunden usw. zu gestatten.

Den Notaren liegt diese Pflicht nur ob hinsichtlich der einen Nachlaß betreffenden Verhandlungen oder soweit sie durch sonstige Vorschriften begründet ist.

Eine Auskunftspflicht besteht nicht für die Postbehörden, für die Verwaltung der Schuldbücher öffentlicher Körperschaften sowie für die Verwaltung öffentlicher Sparkassen und anderer mit der Verwaltung und Verwahrung fremden Vermögens befaßter öffentlicher Anstalten.

§ 64.

Beamte, Angestellte und ehrenamtliche Mitglieder von Behörden, welche im Verfahren zur Veranlagung der Besitzsteuer dienstlich Kenntnis von den Vermögens-, Erwerbs- oder Einkommensverhältnissen eines Steuerpflichtigen erhalten, sind zu ihrer Geheimhaltung verpflichtet. Die Besitzsteuererklärungen sind unter Verschluß aufzubewahren und dürfen ebenso wie die sonstigen Verhandlungen im Veranlagungsverfahren nur zur Kenntnis der durch Eid zu ihrer Geheimhaltung Verpflichteten gelangen. Sie dürfen anderen Behörden nur zum Zwecke der Veranlagung und Erhebung von öffentlichen Abgaben mitgeteilt werden. Bestehen für Landessteuern gleiche oder ähnliche Vorschriften, so steht dies der Mitteilung von Veranlagungsmerkmalen an die Besitzsteuerämter nicht entgegen.

Besitzsteuer- und Feststellungsbescheid.

§ 65.

Ergibt die Vergleichung der Vermögensfeststellungen einen steuerpflichtigen Vermögenszuwachs, so erteilt die Veranlagungsbehörde dem Steuerpflichtigen einen Bescheid über den Gesamtbetrag der zu zahlenden Steuer und über die für eine spätere Veranlagung maßgebende Vermögensfeststellung (Steuerbescheid); ergibt sich dagegen kein oder nur ein steuerfreier Vermögenszuwachs, so ist dem Steuerpflichtigen mit einem Vermögen von mehr als zwanzigtausend Mark ein Bescheid über den für eine künftige Veranlagung maßgebenden Vermögensstand zu erteilen, sofern dieser nicht bereits rechtskräftig feststeht (Feststellungsbescheid).

Der Steuer- und der Feststellungsbescheid enthält eine Belehrung über die gegen den Bescheid zulässigen Rechtsmittel, der Steuerbescheid enthält außerdem eine Anweisung zur Entrichtung der Steuer in den gesetzlichen Teilbeträgen zu den bestimmten Zahlungsfristen. Dem Steuerpflichtigen sind die Berechnungsgrundlagen der angeforderten Steuer mitzuteilen und die Punkte zu bezeichnen, in welchen von der Besitzsteuererklärung abgewichen worden ist.

Rechtsmittel.

§ 66.

Die gegen den Steuer- und den Feststellungsbescheid zulässigen Rechtsmittel, die Rechtsmittelfristen und das Rechtsmittelverfahren werden durch Landesgesetzgebung geregelt. Bis zum Inkrafttreten des Landesgesetzes sind nach näherer Bestimmung der Landesregierung gegen den Steuer- und den Feststellungsbescheid die Rechtsmittel zulässig, welche den Steuerpflichtigen nach Landesrecht gegen die Veranlagung zu einer direkten Staatssteuer zustehen.

Das Rechtsmittelverfahren (Abs. 1) muß derartig geordnet sein, daß der Steuerpflichtige nacheinander mindestens zwei Rechtsmittelinstanzen anrufen kann und daß ihm die Möglichkeit offensteht, entweder die endgültige Entscheidung eines obersten Verwaltungsgerichts oder einer einem obersten Verwaltungsgerichte gesetzlich gleichgeordneten Rechtsinstanz herbeizuführen oder die Klage im ordentlichen Rechtsweg zu erheben.

Wird keine oder eine falsche Rechtsmittelbelehrung erteilt, so wird die Rechtsmittelfrist nicht in Lauf gesetzt, doch ist ein von dem Steuerpflichtigen eingelegtes Rechtsmittel nicht aus diesem Grunde unzulässig.

§ 67.

Erfolgt die Veranlagung zur Besitzsteuer durch eine kollegiale Behörde, so stehen die Rechtsmittel gegen den Steuerbescheid auch dem Vorsitzenden dieser Behörde zu.

§ 68.

Wohnt weder der Steuerpflichtige noch ein Vertreter des Steuerpflichtigen im Inland, so ist der Steuerpflichtige gehalten, eine im Inland wohnende Person zum Empfange der für ihn bestimmten Schriftstücke in Besitzsteuerangelegenheiten zu bevollmächtigen. Ist die Benennung eines Zustellungsbevollmächtigten unterblieben, so gilt die Zustellung eines Schriftstücks mit der Aufgabe zur Post als bewirkt, selbst wenn die Sendung als unbestellbar zurückkommt.

§ 69.

Durch die Einlegung eines Rechtsmittels wird die Erhebung der veranlagten Steuer zu den gesetzlichen Zahlungsfristen nicht aufgehalten. Die auf Grund rechtskräftiger Entscheidung zu erstattenden Steuern sind mit 4 vom Hundert für das Jahr zu verzinsen.

Fälligkeit der Steuer.

§ 70.

Der Jahresbetrag der Steuer (§ 24) ist nach näherer Bestimmung der obersten Landesfinanzbehörde in gleichen Halbjahrs- oder Vierteljahrsteilen zu zahlen.

Bleibt der Einzelbetrag der Steuer unter 5 Mark, so ist der Jahresbetrag der Steuer auf einmal zu entrichten.

Die oberste Landesfinanzbehörde bestimmt den Tag, an dem die Einzelbeträge der Steuer fällig werden.

Die Einzelbeträge der Steuer sind auf 10 Pfennig nach oben abzurunden.

Der Steuerpflichtige ist berechtigt, die Steuer für den Rest des ganzen Erhebungszeitraums im voraus zu bezahlen.

§ 71.

Würde die Einziehung der Steuer zu den gesetzlichen Zahlungsfristen mit einer erheblichen Härte für den Steuerpflichtigen verbunden sein, so kann die Steuer bis zum Ablauf von drei Jahren gestundet, auch die Entrichtung in Teilbeträgen bis zum Ende des nächsten Erhebungszeitraums (§ 24) gestattet werden.

Die Stundung kann von einer angemessenen Sicherheitsleistung abhängig gemacht werden.

Die Stundungsbewilligung wird zurückgenommen, wenn die Voraussetzungen hierfür weggefallen sind oder wenn eine nachträglich verlangte Sicherheit nicht geleistet wird.

§ 72.

Ist der Steuerpflichtige ein Deutscher, so ist zum Zwecke der Einziehung der Besitzsteuer die Zwangsversteigerung eines Grundstücks ohne seine Zustimmung nicht zulässig.

§ 73.

Ist die Veranlagung zu Unrecht unterblieben, so wird dadurch die Pflicht zur Zahlung der Besitzsteuer nicht berührt. Eine Neuveranlagung hat zu erfolgen, wenn nachträglich neue Tatsachen und Beweismittel bekannt werden, die eine höhere Veranlagung des Steuerpflichtigen rechtfertigen.

§ 74.

Stirbt der Steuerpflichtige innerhalb eines Erhebungszeitraums oder fällt die Steuerpflicht auf andere Weise weg, so wird dadurch die Verbindlichkeit zur Entrichtung der bei Wegfall der Steuerpflicht noch nicht fälligen Teilbeträge nicht berührt.

Wird im Falle des § 14 die Ehe innerhalb des Erhebungszeitraums aufgelöst oder fällt die Voraussetzung für die Zusammenrechnung des Vermögens weg, so sind die Ehegatten oder deren Erben zur Zahlung der noch nicht fälligen Teilbeträge der Steuer nach dem Verhältnis ihres Anteils an dem steuerpflichtigen Vermögenszuwachs verpflichtet.

Verjährung.

§ 75.

Der Anspruch der Staatskasse auf die Besitzsteuer verjährt in vier Jahren. Die Frist beginnt mit dem Schlusse des Jahres, in welchem die Steuerbeträge fällig geworden sind, im Falle der Sicherheitsleistung für die Steuer jedoch nicht vor dem Ablauf des Jahres, in welchem die Sicherheit erlischt.

Strafvorschriften.

§ 76.

Wer als Steuerpflichtiger oder als Vertreter eines Steuerpflichtigen wissentlich der Steuerbehörde unrichtige oder unvollständige Angaben macht, die geeignet sind, eine Verkürzung der Besitzsteuer herbeizuführen, wird mit einer Geldstrafe bis zum zwanzigfachen Betrage der gefährdeten Steuer bestraft.

§ 77.

In den Fällen des § 76 kann neben der Geldstrafe auf Gefängnis bis zu sechs Monaten erkannt werden, wenn die unrichtigen oder unvollständigen Angaben in der Absicht, die Besitzsteuer zu hinterziehen, gemacht worden sind und wenn der Steuerbetrag, der durch die unrichtigen oder unvollständigen Angaben gefährdet worden ist, nicht weniger als 10 vom Hundert der geschuldeten Steuer, mindestens aber dreihundert Mark ausmacht, oder wenn der Steuerpflichtige wegen Besitzsteuerhinterziehung vorbestraft ist.

Bei einer Steuergefährdung der im Abs. 1 bezeichneten Art kann im Urteil angeordnet werden, daß die Bestrafung auf Kosten des Verurteilten öffentlich bekannt zu machen ist.

Besteht der Verdacht, daß eine Steuergefährdung der im Abs. 1 bezeichneten Art vorliegt, so hat die Steuerbehörde die Sache an die zuständige Staatsanwaltschaft abzugeben. Findet die Staatsanwaltschaft in einer an sie abgegebenen Sache, daß dieser Verdacht nicht hinreichend begründet ist, so kann sie die

Sache zur weiteren Erledigung im Verwaltungsstrafverfahren an die Verwaltungsbehörde abgeben.

§ 78.

Ist nach den obwaltenden Umständen anzunehmen, daß die unrichtigen oder unvollständigen Angaben, die geeignet sind, eine Verkürzung der Besitzsteuer herbeizuführen, nicht in der Absicht der Steuerhinterziehung gemacht worden sind, so tritt an Stelle der im § 76 vorgesehenen Strafe eine Ordnungsstrafe bis zu fünfhundert Mark.

§ 79.

Straffrei bleibt, wer seine unrichtigen oder unvollständigen Angaben, bevor eine Anzeige erstattet oder eine Untersuchung gegen ihn eingeleitet ist, bei der Steuerbehörde berichtigt oder ergänzt und die gefährdete Steuer, soweit sie bereits fällig gewesen ist, entrichtet.

§ 80.

Die Einziehung der Besitzsteuer erfolgt unabhängig von der Bestrafung.

§ 81.

Wer in der nach § 58 Abs. 2 einzureichenden Nachweisung oder in dem nach § 62 einzureichenden Verzeichnis wissentlich unrichtige oder unvollständige Angaben macht, die geeignet sind, das Steueraufkommen zu gefährden, wird mit einer Geldstrafe bis zu dreitausend Mark bestraft.

Straffrei bleibt, wer seine unrichtigen oder unvollständigen Angaben, bevor eine Anzeige erstattet oder eine Untersuchung gegen ihn eingeleitet ist, bei der Steuerbehörde berichtigt oder ergänzt.

§ 82.

Beamte, Angestellte und ehrenamtliche Mitglieder von Behörden sowie Sachverständige werden, wenn sie die zu ihrer dienstlichen oder amtlichen Kenntnis gelangten Vermögens-, Erwerbs- oder Einkommensverhältnisse eines Steuerpflichtigen, insbesondere auch den Inhalt einer Besitzsteuererklärung oder der über sie gepflogenen Verhandlungen unbefugt offenbaren, mit Geldstrafe bis zu fünfzehnhundert Mark oder mit Gefängnis bis zu drei Monaten bestraft.

Die Strafverfolgung tritt nur ein auf Antrag der obersten Landesfinanzbehörde oder des Steuerpflichtigen, dessen Interesse an der Geheimhaltung verletzt ist.

§ 83.

Eine Ordnungsstrafe bis zu einhundertfünfzig Mark tritt ein bei Zuwiderhandlungen gegen die Vorschriften dieses Gesetzes oder die zu seiner Ausführung erlassenen Bestimmungen, die im Gesetze mit keiner besonderen Strafe bedroht sind.

§ 84.

Die Umwandlung einer nicht beizutreibenden Geldstrafe in eine Freiheitsstrafe findet nicht statt.

Kosten

§ 85.

Das Verfahren in Besitzsteuerangelegenheiten ist vorbehaltlich der Vorschrift des § 60 kosten-, gebühren-

und stempelfrei. Für das Rechtsmittel- und Strafverfahren bewendet es bei den sonst geltenden Vorschriften.

Schlußvorschriften.

§ 86.

Die Bundesstaaten erhalten für die erste Veranlagung und Erhebung der Steuer zehn, später fünf vom Hundert ihrer Roheinnahme.

§ 87.

Nach näherer Bestimmung des Bundesrats kann bis zum Ablauf des Rechnungsjahrs 1919 denjenigen Bundesstaaten, die zur Zeit der Verkündung dieses Gesetzes die Erbschaften in gerader absteigender Linie besteuern und bis zum Ablauf des Rechnungsjahrs 1916 eine der Mehrbelastung durch die Besitzsteuer angemessene Ermäßigung dieser Steuer einführen, der Ausfall an Erbschaftssteuer bis zum Betrag ihrer Durchschnittseinnahmen in den Rechnungsjahren 1913 bis 1915 aus dem Aufkommen an Besitzsteuer in ihrem Lande ersetzt werden.

Ferner kann in diesen Bundesstaaten unter gleichen Voraussetzungen der Vermögenszuwachs bei der erstmaligen Veranlagung der Besitzsteuer insoweit außer Betracht bleiben, als ein entsprechender Vermögensteil durch Erbgang in gerader absteigender Linie nach dem 31. Dezember 1913 erworben und zur Landessteuer herangezogen ist.

§ 88.

Die Ausführungsbestimmungen zu diesem Gesetz erläßt der Bundesrat.

Urkundlich unter Unserer Höchsteigenhändigen Unterschrift und beigedrucktem Kaiserlichen Insiegel.

Gegeben Kiel, den 3. Juli 1913.

(L. S.) Wilhelm.

von Bethmann Hollweg.

Sachregister.

(Die Zahlen bedeuten die Paragraphen.)
W = Wehrbeitragsgesetz.
B = Besitzsteuergesetz.

A.

B.

D.

E.

G.

H.

L.

M.

S.

T.

U.

V.

W.

Z.

Druck von Otto Walter in Berlin S. 14.

Guttentag'sche Sammlung

Deutscher Reichsgesetze.

Text-Ausgaben mit Anmerkungen. Taschenformat.

---

1. **Verfassung des Deutschen Reichs.** Von Dr. **L. von Rönne.** **10. Aufl.** von Landrat **P. von Rönne** und Regierungsassessor **von Dobbeler.** 1912. 2 M. 60 Pf.

2. **Strafgesetzbuch** für das Deutsche Reich. Von Dr. **H. Rüdorff. 28. Aufl.** bearbeitet von Prof. Dr. **Franz v. Liszt** und Dr. **Ernst Delaquis.** 1910. 1 M. 80 Pf.

3. **Militärstrafgerichtsordnung** nebst Einführungsgesetz. Von Wirkl. Geheimen Kriegsrat Dr. jur. **A. Romen** und Kriegsgerichtsrat Dr. jur. **Carl Rissom.** 1910. 6 M.

4. **Handelsgesetzbuch vom 10. Mai 1897** unter Ausschluß des Seerechts. **14. Aufl.** Herausgegeben von Geh. Justizrat Prof. Dr. **A. Mosse.** 8°. 1911. 5 M.

5. **Wechselordnung vom 3. Juni 1908. Kommentar** von Justizrat Dr. **J. Stranz** und Rechtsanwalt Dr. **M. Stranz,** und das **Wechselstempelsteuergesetz vom 15. Juli 1909** von Geh. Regierungsrat **P. Loeck. 11. Aufl.** 1913. 4 M.

5 a. **Wechselstempelsteuergesetz** apart. **11. Aufl.** 1913. 1 M. 50 Pf.

6. **Reichsgewerbeordnung** nebst Ausführungsbestimmungen. Von **Berger** und **Wilhelmi.** 18. **veränderte und sehr vermehrte Auflage** von Stadtrat Dr. **Karl Flesch** in Verbindung mit Dr. **Friedr. Hiller** und Dr. **Herm. Luppe.** 1910. 4 M.

7. **Post- und Telegraphen-Gesetzgebung.** Nebst Weltpostvertrag und internationalem Telegraphenvertrag. **6. Aufl.** von Geh. Ober-Postrat Dr. **M. König.** 1908. 4 M.

8. Die Reichsgesetze über den **Unterstützungswohnsitz, die Freizügigkeit, den Erwerb und Verlust der Bundes- und Staatsangehörigkeit.** Von Geheimrat Dr. **J. Krech,** Mitglied des Bundesamtes für das Heimatwesen. 8. **Aufl.** 1912. 3 M. 60 Pf.

9. Sammlung **kleinerer strafrechtlicher Reichsgesetze.** Von Dr. **R. H. Kriegsmann,** Privatdozent in Kiel. 3. **Aufl.** 1910. 4 M.

10. Das **Reichsbeamtengesetz** von **J. Pieper.** 2. **Aufl.** 1901. 4 M. 50 Pf.

Reichsbeamtengesetz von 1907 siehe Nr. 82.

11. **Zivilprozeßordnung mit Gerichtsverfassungsgesetz.** Von **R. Sydow.** Fortgeführt von **L. Busch,** Reichsgerichtsrat, jetzt zugleich mit **A. Busch,** Gerichtsassessor. **14. Aufl.** 8°. 1913. 8 M.

12. **Strafprozeßordnung und Gerichtsverfassungsgesetz** nebst den Gesetzen, betr. die Entschädigung der im Wiederaufnahmeverfahren freigesprochenen Personen und die Entschädigung für unschuldig erlittene Untersuchungshaft. Von Dr. **A. Hellweg,** Reichsgerichtsrat. **16. Aufl.** von Professor Dr. **Kohlrausch.** 1912. 3 M.

13. **Konkursordnung und Anfechtungsgesetz.** Von **R. Sydow.** Fortgeführt von **L. Busch. 11. Aufl.** 1911. 2 M. 80 Pf.

14. **Gerichtsverfassungsgesetz** mit Einführungsgesetz. Herausgegeben von **R. Sydow.** Fortgeführt von **L. Busch. 9. Aufl.** 1905. Mit Nachtrag, enthaltend die Novelle vom 1. Juni 1909. 1 M. 50 Pf.

15. Das **Deutsche Gerichtskostengesetz** nebst den Gebührenordnungen für Gerichtsvollzieher, Zeugen und Sachverständige. Von **R. Sydow.** Weiter bearbeitet von Reichsgerichtsrat **L. Busch** und Gerichtsassessor **Arno Busch. 9. Aufl.** 1912. 2 M. 60 Pf.

16. **Rechtsanwaltsordnung.** Von **R. Sydow. 5. Aufl.** von Justizrat **M. Jacobsohn.** 1907. Mit Nachtrag, enthaltend die Bestimmungen vom 22. Mai 1910. 1 M. 20 Pf.

17. Die **Deutsche Gebührenordnung für Rechtsanwälte und das Preußische Gebührengesetz** vom 27. September/6. Oktober 1899. Von **R. Sydow.** Fortgeführt von **L. Busch. 10. Aufl.** 1911. 2 M. 70 Pf.

18. **Reichsstempelgesetz** vom 15. Juli 1909 in der durch das Zuwachssteuergesetz vom 14. Februar 1911 geänderten Fassung. (Börsen-, Lotterie- [Spiel und Wette-], Frachturkunden-, Fahrkarten-, Kraftfahrzeug-, Tantieme-, Scheck- und Grundstücksübertragungssteuer.) Mit den gesamten Ausführungsbestimmungen. **11. Aufl.** von Geh. Regierungsrat **P. Loeck.** 1912. 8°. 6 M.

19. Die **Seegesetzgebung.** Von Dr. **W. E. Knitschky. 4. Aufl.** bearbeitet von Oberlandesgerichtsrat **Otto Rudorff** in Hamburg. 1908. Mit Anhang, enthaltend die Bestimmungen von 1909. 6 M.

20. **Krankenversicherungsgesetz.** Von weil. Dr. **E. von Woedtke. 11. Aufl.** von Geh. Reg.-Rat Dr. **G. Eucken-Addenhausen.** 1905. 3 M. Siehe auch Bd. 107.

21. Die **Konsulargesetzgebung.** Von Professor Dr. **Ph. Zorn. 3. Aufl.** bearbeitet von Reg.-Assessor Dr. **A. Zorn.** 1911. 4 M. 50 Pf.

22. **Patentgesetz.** Nebst Ausführungsbestimmungen, völkerrechtlichen Verträgen und der Patentanwalts-Ordnung. 7. Aufl. bearbeitet von **R. Lutter,** Geh. Reg.-Rat im Kaiserl. Patentamt. 1908. 2 M. 80 Pf.

23. **Gewerbe-Unfallversicherungsgesetz.** Von weil. Dr. **E. von Woedtke.** 9. Aufl. von **Franz Caspar,** Direktor im Reichsamt des Innern. 1907. 2 M. 50 Pf. Siehe auch Bd. 108.

24. **Aktiengesellschaft und Kommanditgesellschaften auf Aktien.** Von Kammergerichtsrat Dr. **H. Keyßner** und Justizrat Dr. **H. Veit Simon. 6. Aufl.** von Amtsrichter **L. Keyßner.** 1911. 3 M.

25. **Brausteuergesetz.** vom 15. Juli 1909. Von **A. Düffe,** Oberzollrevisor. **2. Aufl.** 1910. 3 M.

26. Die Reichsgesetzgebung über **Münz- und Notenbankwesen.** Papiergeld, Prämienpapiere und Reichsschulden. Von Dr. jur **R. Koch,** Präsident des Reichsbankdirektoriums, **6. Aufl.** 1910. 4 M.

27. Die Gesetzgebung, betr. das **Gesundheitswesen** im Deutschen Reich. Von Dr. jur. **E. Goesch** und Dr. med. **J. Karsten.** 1888. 1 M. 60 Pf.

28. **Bau-Unfallversicherungsgesetz.** Vom 30. Juni 1900. Von **R. Chrzescinski,** Kaiserl. Regierungsrat. **3. Aufl.** 1900. 2 M.

29. **Erwerbs- und Wirtschaftsgenossenschaften.** Von **L. Parisius** und Dr. **H. Crüger. 14. neu bearb. Aufl.** von Dr. **H. Crüger.** 1912. 1 M. 80 Pf.

30. **Invalidenversicherungsgesetz** vom 13. Juli 1899. Von weil. Dr. **E. von Woedtke. 10. Aufl.** von Regierungsrat **H. Follmann.** 1906. 4 M. (Vergriffen!) Neue Fassung S. Bd. 109 Reichsversicherungsordnung.

31. **Gewerbegerichtsgesetz.** Von Stadtrat **L. Mugdan. 7. Aufl.** bearbeitet von **W. Cuno,** Oberbürgermeister zu Hagen i. W. 1911. 2 M. 50 Pf.

32. Reichsgesetz, betr. die **Gesellschaften mit beschränkter Haftung.** Von **L. Parisius** und Dr. **H. Crüger. 12. Aufl.** von Dr. **H. Crüger.** 1912. 1 M. 80 Pf.

33. **Vereins- und Versammlungsrecht.** Von Dr. **E. Ball. 2. Aufl.** von Dr. **F. Friedenthal.** 1907. 2 M. 50 Pf.

Reichs-Vereinsgesetz vom 19. April 1908 siehe Nr. 88.

34. Die **Abzahlungsgeschäfte.** Gesetz vom 16. Mai 1894. **3. vermehrte Aufl.** besorgt von Dr. **E. Wilke,** Landgerichtsrat. 1910. 1 M. 25 Pf.

35. Die **Reichs-Eisenbahngesetzgebung.** Von **W. Coermann,** Kaiserl. Amtsrichter. 1895. 2 M. 25 Pf. S. auch Bd. 66.

36. Gesetze, betr. die **privatrechtlichen Verhältnisse der Binnenschiffahrt und der Flößerei.** Von **E. Löwe,** Landgerichtsrat. **4. Aufl.** 1909. 3 M.

37. Gesetz gegen den **unlauteren Wettbewerb.** Von Justizrat **A. Pinner. 6. Aufl.** 1912. 1 M. 50 Pf.

38/39. **Bürgerliches Gesetzbuch nebst Einführungsgesetz** von Dr. **A. Achilles.** In Verbindung mit Professor Dr. **André,**

Kammergerichtsrat **Ritgen**, Reichsgerichtsrat Dr. **Strecker**, Senatspräsident Dr. **v. Unzner** herausgegeben von Wirkl. Geh. Ober-Justizrat u. Oberlandesgerichtspräsident **Greiff**. 7. **Aufl.** 8°. 1912. 7 M.

40. Gesetz, betr. die **Pflichten der Kaufleute bei Aufbewahrung fremder Wertpapiere (Depotgesetz).** Mit Erläuterungen. Von **F. Lusensky**, Geh. Ober-Regierungsrat. 2. **Aufl.** 1905. 1 M.

41. **Börsengesetz.** In der Fassung der Novelle vom 8. Mai 1908. 2. **Aufl.** Von Wirkl. Geh. Ober-Regierungsrat **Th. Hemptenmacher**, Staatskommissar an der Berliner Börse. 1908. 2 M.

42. **Grundbuchordnung** nebst den preußischen Ausführungsbestimmungen. Mit Einleitung. Von Prof. Dr. **O. Fischer.** 6. **Aufl.** 1912. 2 M.

43. **Zwangsvollstreckung in das unbewegliche Vermögen** im Reiche und in Preußen. Mit Einleitung, Kosten- und Gebührentabellen. Von Dr. **J. Krech**, Kaiserl. Geh. Regierungsrat und Professor Dr. **O. Fischer.** 6. **Aufl.** 1910. 2 M.

44. Das Reichsgesetz über das **Auswanderungswesen** vom 9. Juni 1897. Von Professor Dr. **Felix Stoerk.** 1899. 2 M. 25 Pf.

45. Das **Entmündigungsrecht** unter Berücksichtigung der für Preußen geltenden Vorschriften nebst der preußischen Justiz-Ministerial-Verfügung vom 28. November 1899. Von Landgerichtsrat Dr. **P. Koll** in Cöln. 1900. 1 M. 50 Pf.

46. Die Gesetze des Reiches und Preußens über die **freiwillige Gerichtsbarkeit.** Von **Herm. Jastrow,** Amtsgerichtsrat. **5. Aufl.** 1911. 3 M. 60 Pf.

47. Das **deutsche Vormundschaftsrecht** und das preuß. Gesetz über die Fürsorgeerziehung Minderjähriger nebst den dazu gehörigen preußischen Nebengesetzen. Von Oberverwaltungsgerichtsrat **Max Schultzenstein** und Amtsgerichtsrat Dr. **Paul Köhne. 2. Aufl.** 1901. 3 M.

48. Gesetze und Verordnungen, betr. den **Drogen-, Gift- und Farbenhandel** außerhalb der Apotheken. Von Dr. **J. Broh,** Rechtsanwalt. 1899. 1 M. 25 Pf.

49. Deutsche **Kolonialgesetzgebung.** Von Geh. Justizrat Professor Dr. **Philipp Zorn.** 2. Aufl. von Gerichtsassessor Dr. **Sassen.** 1913. 7 M. 50 Pf.

50. Der **Viehkauf** (Viehgewährschaft) nach dem Bürgerlichen Gesetzbuche. Nebst Verordn. betr. die Hauptmängel und Gewährsfristen beim Viehhandel. Von Rechtsanwalt Dr. **H. Stölzle** und Königl. **Kreistierarzt H. Weiskopf. 5. Aufl.** 1913. 6 M.

51. **Hypothekenbankgesetz** vom 13. Juli 1899. Von Dr. **H. Göppert. 2. Aufl.** Bearbeitet von Geh. Reg.-Rat Dr. **Seidel.** 1911. 2 M. 40 Pf.

52. Gesetz, betreffend die gemeinsamen **Rechte der Besitzer von Schuldverschreibungen.** Von Dr. **Heinrich Göppert.** 1900. 2 M.

53. **Reichspreßgesetz** vom 7. Mai 1874. Mit Kommentar von **A. Born,** Erster Bürgermeister der Stadt Marienburg (Westpr.). 1911. **2. Aufl.** 2 M.

54. Die Reichsgesetzgebung über den Verkehr mit **Nahrungsmitteln, Genußmitteln** und **Gebrauchsgegenständen.** Von Dr. **Georg Lebbin,** Nahrungsmittelchemiker in Berlin. 1900. 2 M. 25 Pf.

55. Das Recht der **Beschlagnahme von Lohn- und Gehaltsforderungen.** Von Justizrat **Georg Meyer. 4. Aufl.** 1910. 2 M. 60 Pf.

56. Gesetz, betr. die **Bekämpfung gemeingefährlicher Krankheiten.** Nebst Ausführungsbestimmungen. Von Dr. **Bruno Burkhardt,** Regierungsrat, Mitglied des Kaiserl. Gesundheitsamts. 1900. 1 M. 40 Pf.

57. **See-Unfallversicherungsgesetz.** Von Dr. **Max Mittelstein,** Oberlandesgerichtsrat in Hamburg. 1901. 2 M.

58. **Das Recht der unehelichen Kinder** nach dem BGB. Von **Hermann Jastrow,** Amtsgerichtsrat. 1901. 1 M. 80 Pf.

59. Reichsgesetz über die **Beurkundung des Personenstandes und die Eheschließung.** Von Dr. **F. Fidler,** Amtsgerichtsrat. 1912. **2. Aufl.** 2 M. 50 Pf.

60. Gesetz, betreffend das **Urheberrecht an Werken der Literatur und der Tonkunst** in der Fassung vom 22. Mai 1910. Von Geh. Justizrat **Otto Lindemann. 3. Aufl.** 1910. 1 M. 60 Pf.

61. Gesetz über das **Verlagsrecht.** Von Justizrat **E. Heinitz. 2. Aufl.** Bearbeitet von Rechtsanwalt Dr. **Br. Marwitz.** 1911. 1 M. 80 Pf.

62. Gesetz über **private Versicherungsunternehmungen.** Von **H. Könige,** Reichsgerichtsrat. **2. Aufl.** 1910. 4 M. 20 Pf.

63. **Gesetzestafel des Deutschen Reichsrechts.** Systematisch geordnete Nachweisung des z. Z. geltenden Reichsrechts. Ergänzungsband zu der Guttentag'schen Sammlung Deutscher Reichsgesetze. Von **Hugo Bruhns,** Syndikus. 1913. 8°. **2. Aufl.** 3 M. 50 Pf.

64. Gesetzsammlung betr. den **Handel mit Drogen und Giften.** Reichsgesetzliche Bestimmungen und Anhang mit den landesgesetzlichen Verordnungen sämtlicher Bundesstaaten, Von Rechtsanwalt **H. Sonnenfeld,** Syndikus der Berliner Drogisten-Innung. **2. Aufl.** 1912. 4 M.

65. Das **Weingesetz** in der Fassung von 1909. Mit Ausführungsbestimmungen von Dr. **Georg Lebbin,** Nahrungsmittelchemiker. **2. Aufl.** 1909. 2 M. 50 Pf.

66. Die **Eisenbahn-Gesetzgebung.** Von **W. Pietsch,** Rechnungsrat im Reichs-Eisenbahn-Amt. **2. Aufl.** 1913. 3 M. 60 Pf.

67. **Militär-Strafgesetzbuch für das Deutsche Reich** vom 20. Juni 1872 nebst dem Einführungsgesetz. Von Wirkl. Geh. Kriegsrat Dr. jur. **A. Romen** und Kriegsgerichtsrat Dr. jur. **C. Rissom.** 1912. 6 M.

68. Das **Fleischbeschaugesetz.** Vom 3. Juni 1900. Von Dr. **Georg Lebbin,** Nahrungsmittelchemiker und Rechtsanwalt Dr. **Georg Baum.** 1903. 4 M.

69. Reichsgesetz über die **Naturalleistungen der bewaffneten Macht im Frieden** nebst den in Preußen geltenden Bestimmungen. Von Regierungsassessor Dr. **Walter v. Hippel.** 1903. 1 M. 25 Pf.

70. Das **Reichs-Haftpflichtgesetz**, vom 7. Juni 1871. Von Regierungsrat Dr. **G. Eger.** 1903. 3 M.

71. **Kinderarbeit in gewerblichen Betrieben**, vom 30. März 1903. Von **H. Spangenberg**, Oberverwaltungsgerichtsrat. **2. Aufl.** 1904. 1 M. 60 Pf.

72. **Unfallversicherungsgesetz für Land- und Forstwirtschaft** von weil. Dr. **E. von Woedtke**, fortgesetzt von **Alfred Radtke**, Geh. Regierungsrat und Senatspräsident im Reichsversicherungsamt. **2. Aufl.** 1904. 4 M. 50 Pf.

73. **Entschädigung für unschuldig erlittene Verhaftung und Bestrafung.** Nebst Anhang, enthaltend die dazu gehörigen Nebengesetze über Schadensersatz. Von Dr. jur. **A. Romen**, Wirkl. Geh. Kriegsrat. 1904. 2 M.

74. Die **Kaufmannsgerichte** nebst den preuß. Ausführungsbestimmungen. Von Professor Dr. **Max Apt. 3. Aufl.** 1905. 2 M.

75. Reichsgesetz über die **Konsulargerichtsbarkeit.** Von Dr. jur. **A. F. Vorwerk**, Rechtsanwalt in Schanghai. 2. Ausgabe, mit dem Schutzgebietsgesetz und der Ausführungsverordnung, betr. die Rechtsverhältnisse in den Schutzgebieten. 1908. 2 M.

76. **Die Rechtshilfe im Verkehr mit den ordentlichen Gerichten nach deutschem Reichsrecht.** Von Landrichter Dr. **A. Friedländer.** 1906. 1 M. 80 Pf.

77. **Das Reichserbschaftssteuergesetz.** Vom 3. Juni 1906. Von **Ulrich Hoffmann**, Rechnungsrat im Königl. Preuß. Finanzministerium. **2. Aufl.** 1911. 5 M.

78. **Zigarettensteuergesetz.** Vom 15. Juli 1909. Von Dr. **Cuno,** Regierungsassessor. **2. Aufl.** in Vorbereitung, nach Erlaß der sämtlichen Ausführungsbestimmungen.

79. **Die Militärpensionsgesetze** vom 31. Mai 1906 nebst Ausführungsbestimmungen. Zum Gebrauch für Heer, Marine und Schutztruppe von Dr. jur. **A. Romen,** Wirklicher Geheimer Kriegsrat.

a) I. Teil: Offizierpensionsgesetz. 1907. 3 M. 50 Pf.

b) II. Teil: Mannschaftsversorgungsgesetz. 1908. 3 M. 50 Pf.

80. Reichsgesetzgebung über **gerichtliche Registerführung.** Von **Otto Lindemann,** Geh. Justizrat. 1906. 3 M.

81. Gesetz, betr. **Urheberrecht an Werken der bildenden Künste und der Photographie.** Von Dr. **Ludwig Fuld,** Rechtsanwalt. 1907. 1 M.

82. **Reichsbeamtengesetz** in der Fassung vom 18. Mai 1907 und seine Ergänzungen von Geheimrat Professor Dr. **Adolf Arndt.** 1908. 3 M.

83. Reichsgesetz über **den Versicherungsvertrag** nebst Einführungsgesetz. Von Dr. **Paul Hager** und Dr. **E. Bruck. 2. vermehrte** und **verbesserte Auflage.** 1910. 5 M.

84. **Sammlung kleinerer privatrechtlicher Reichsgesetze** von Oberlandesgerichtsrat **Georg Müller.** 1908. 6 M. 50 Pf.

85. **Scheckgesetz** mit Einleitung usw. Von Prof. Dr. **Max Apt. 5. Aufl.** Mit Postscheckordnung vom 6. Nov. 1908 und im Anhang „Besteuerung des Schecks". 1909. 2 M.

Postscheckordnung vom 6. Nov. 1908. Apart mit Erläuterungen und Ausführungsbestimmungen. (30 Pf.)

86. **Die Auslieferungsverträge des Deutschen Reiches** von Landrichter **A. Cohn.** 1908. 4 M.

87. Gesetz zum **Schutz der Warenbezeichnungen.** Von Geh. Reg.-Rat, Mitglied des Patentamts Dr. **Freund** und Rechtsanwalt **Magnus. 5. Aufl.** 1909. 3 M. 50 Pf.

88. **Vereinsgesetz** vom 19. April 1908. Von Dr. jur. **A. Romen,** Wirkl. Geh. Kriegsrat. **3. Aufl.** 1912. 2 M. 50 Pf.

89. **Vogelschutzgesetz** vom 30. Mai 1908 nebst den das Flugwild betr. Bestimmungen der Preußischen Jagdordnung von Dr. jur. **Leo von Boxberger.** 1908. 1 M.

90. Die Haager Abkommen über das **Internationale Privatrecht** von Dr. **G. A. E. Bogeng.** 1908. 2 M. 20 Pf.

91. **Eisenbahn-Verkehrsordnung** vom 23. Dez. 1908. Mit Ausführungsbestimmungen. Von Regierungsassessor bei der Eisenbahndirektion Breslau Dr. **Ernst Blume.** 1909. 2 M. 50 Pf.

92. Gesetz, betr. den **Verkehr mit Kraftfahrzeugen.** Von Amtsrichter **R. Kirchner. 2. Ausgabe** ergänzt durch die Bundesratsverordnung vom 3. Febr. 1910 und das Internationale Uebereinkommen vom 11. Okt. 1909. 1910. 3 M.

93. Gesetz über die **Sicherung der Bauforderungen** von Justizrat Dr. **E. Harnier. 3. Aufl.** 1912. 1 M. 60 Pf.

94. **Haftpflicht der Reichs- und Staats-Beamten** von Dr. **H. Delius. 2. Aufl.** 1909. Mit Nachtrag, enth. das Gesetz über die Haftung des Reichs für seine Beamten vom 22. Mai 1910. 3 M. 50 Pf.

95. Die Berner Uebereinkunft über **internationales Urheberrecht** von Dr. **Herm. Dungs**, vortrag. Rat im Reichsjustizamt. 1910. 1 M.

96. **Branntweinsteuergesetz** vom 15. Juli 1909. Unter Berücksichtigung der für das Reich erlassenen Ausführungsbestimmungen. Von Geh. Reg.-Rat **Johs. Rath**, vortrag. Rat im Reichsschatzamt. 1910. 3 M. 50 Pf.

97. **Schutzgebietsgesetz** nebst der Verordnung betr. die Rechtsverhältnisse in den Schutzgebieten, dem Gesetz über die Konsulargerichtsbarkeit sowie den Ausführungsbest. und ergänzenden Vorschriften. Von **Johs. Gerstmeyer**, Wirkl. Legationsrat und vortrag. Rat im Reichskolonialamt. 1910. 3 M.

98. **Sechs Haager Abkommen** über **Internationales Privatrecht**. Von Dr. **Herm. Dungs**, vortrag. Rat im Reichs-Justizamt. 1910. 1 M. 50 Pf.

99. **Die Abkommen der Haager Friedenskonferenz** von Dr. jur. **Hans Wehberg**. 1910. 3 M.

100. Gesetz über den **Absatz von Kalisalzen**. Von Geh. Bergrat **Carl Voelkel**. 1910. 2 M. 40 Pf.

101. **Zuwachssteuergesetz** vom 14. Februar 1911. Von Dr. **W. Cuno**, Regierungsrat im Reichsschatzamt. 1911. 3 M. 60 Pf.

102. **Urheberrecht an Mustern und Modellen** u. Ges. betr. Schutz v. Gebrauchsmustern von Reg.-Rat **Johs. Neuberg**, Mitgl. d. K. Patentamts. 1911. 2 M. 40 Pf.

103. **Reichs-Viehseuchengesetz** vom 26. Juni 1909 nebst Ausführungsvorschriften u. dem preuß. Ausführungsgesetz. Von Landrat Dr. **Walter v. Hippel. 2. Aufl.** 1912. 4 M. 50 Pf.

104. **Versicherungsgesetz** für Angestellte vom 20. Dez. 1911. Von Rechtsanwalt **O. Bernstein** und Dr. **J. Kupferberg. 2. Aufl.** 1912. 3 M. 50 Pf.

105. **Das Geldwesen in den deutschen Schutzgebieten.** Von **W. Hintze,** Geheimer exped. Sekretär im Reichskolonialamt. 1912. 2 M.

106—109. **Reichs-Versicherungs-Ordnung nebst Einführungsgesetz:** Herausgegeben unter Mitwirkung von Dr. **F. Caspar,** Wirkl. Geh. Rat, Direktor im Reichsamt d. Innern und **A. Spielhagen,** Geh, Ob.-Reg.-Rat, vortr. Rat im Reichsamt d. Innern. 4 Bände. Preis pro Band etwa 3—4 M.

106. Erstes, fünftes und echstes Buch. **Gemeinsame Vorschriften. — Beziehungen der Versicherungsträger zu einander und zu anderen Verpflichteten — Verfahren.** Bearbeitet von Dr. **K. Lippmann,** Reg.-Rat im Reichsversicherungsamt, Professor, Geh. Rat Dr. **L. Laß** und Geh. Reg.-Rat **H. Siefart,** vortrag. Räte im Reichsamt des Innern. 1912. Im Druck.

107. Zweites Buch. **Krankenversicherung.** Von Geh. Reg.-Rat **H. Siefart,** vortrag. Rat im Reichsamt des Innern. 1912. Im Druck.

108. Drittes Buch. **Unfallversicherung.** Von Geh. Reg.-Rat **A. Radtke,** Senatsvorsitzender im Reichsversicherungsamt. 1912. Im Druck.

109. Viertes Buch. **Invaliden- und Hinterbliebenenversicherung.** Bearbeitet von Geh. Ober-Regierungs-Rat **B. Jaup,** vortragender Rat im Reichsamt des Innern und **H. Follmann,** Geh. Reg.-Rat im Reichsversicherungsamt. 1912. 4 M.

110. **Wehrbeitragsgesetz.** Von Geh. Ober-Finanzrat **A. Fernow.** 1913. Etwa 2 M.

In Vorbereitung:

Besitzsteuergesetz (Vermögens-, Zuwachssteuergesetz). Von Geh. Ober-Finanzrat **A. Fernow.**

In Vorbereitung:

Staatsangehörigkeit. Von Dr. jur. **R. Romen,** Wirkl. Geh. Kriegsrat.

Guttentag'sche Sammlung

Preußischer Gesetze.

Text-Ausgaben mit Anmerkungen. Taschenformat.

---

1. Die **Verfassungs-Urkunde** für den Preußischen Staat. Mit Einleitung, vollständigem Kommentar. Von Prof. Dr. **Adolf Arndt. 7. Aufl.** 1911. 4 M.

2. Preußische **Beamten-Gesetzgebung.** Enthaltend die wichtigsten Beamtengesetze in Preußen. Von **C. Pfafferoth. 4., neubearb. Aufl.** 1905. Mit Anhang: Abänderung vom 27. Mai 1907. 2 M.

3. **Die Aufnahme des Nottestaments** durch die bestellten Urkundspersonen. Anweisung mit Musterbeispielen und Abriß des Erbrechts von Amtsgerichtsrat **C. Kurtz.** 1904. 1 M. 50 Pf.

4. **Gebührenordnung** für **Notare** vom 25. Juli 1910. **4. Aufl.** bearbeitet von Justizrat **Rausnitz.** 1910. 2 M. 20 Pf.

5. Gesetz vom **24. April 1854 (betr. die außerehel. Schwängerung).** Von Dr. **Schulze.** 1873. 75 Pf.
   Gültiges Recht siehe: Reichsgesetze Nr. 58.

6. Die Preuß. **Ausführungsgesetze und Verordnungen zu den Reichs-Justizgesetzen.** Von **R. Sydow.** Siehe Seite 24, Busch-Eylau, Ausführungsgesetze.

7. Allg. **Gerichtsordnung** und Preuß. **Konkursordnung.** Von **F. Vierhaus.** Vergriffen.

8. **Vormundschaftsordnung.** Von **F. Schultzenstein.**
   Gültiges Recht siehe: Reichsgesetze Nr. 47.

9. Die Preußische **Grundbuchgesetzgebung.** Von Prof. Dr. **Fischer.** Vergriffen. Siehe: Reichsgesetze Nr. 42.

10. **Einkommensteuergesetz.** Von **A. Fernow,** Geh. Ober-Finanzrat. 8. **Aufl.** 1913. 5 M.

11. **Gewerbesteuergesetz.** Von **A. Fernow,** Geh. Ober-Finanzrat. **5., vermehrte Aufl.** 1910. 3 M.

12. **Allgemeines Berggesetz** für die Preußischen Staaten vom 24. Juni 1865. Von **W. Westhoff** und **W. Schlüter. 3. Aufl.** bearbeitet von **Schlüter** und **Hense,** Oberbergräten. 1913. 7 M. 50 Pf.

13. **Ergänzungssteuergesetz** (Vermögenssteuergesetz). Von **A. Fernow,** Geh. Ober-Finanzrat. **4. vermehrte Aufl.** 1907. 2 M. 40 Pf.

14. **Kommunalabgabengesetz.** Vom 14. Juli 1893 und Gesetz wegen Aufhebung direkter Staatssteuern. Von Dr. **F. Adickes,** Oberbürgermeister. **5. Aufl.** Bearbeitet von Stadtrat Dr. **Woell.** 1911. 2 M. 40 Pf.

15. Die **Kreisordnungen** für den Preußischen Staat. Von **O. Kolisch,** Landgerichtsrat. 1894. 4 M.

16. **Konzessionierung gewerblicher Anlagen.** Preuß. Ausführungs-Anweisung zu §§ 16 u. ff. der Gewerbe-Ordnung. Von Dr. **W. v. Rüdiger,** Geh. Regierungs- u. Gewerberat. **2. Aufl.** 1901. 2 M.

17. Preußisches **Gerichtskostengesetz.** Vom 25. Juli 1910. Mit Kostentabellen. Von Dr. **P. Siméon,** Kammergerichtsrat. **6. Aufl.** 1910. 3 M. 60 Pf.

18. Preußisches **Stempelsteuergesetz** vom 30. Juni 1909. Mit sämtlichen Ausführungsbestimmungen. Von **P. Loeck,** Geh. Regierungsrat. **7. Aufl.** 8°. 1911. 7 M.

19. Das **Jagdscheingesetz.** Mit ausführlichen Erläuterungen. Von **F. Kunze,** Wirklichem Geh. Ober-Regierungsrat. **2. Aufl.** 1899. 2 M.

20. Die **preußischen Erbschaftssteuergesetze.** Unter Berücksichtigung der Novelle vom 31. Juli 1895. Von **U. Hoffmann,** Rechnungsrat im Königl. preuß. Finanzministerium. 1905. 4 M.

(**Reichs**-Erbschaftssteuergesetz s. Reichsgesetze Nr. 77).

21. Gesetz über die **Handelskammern.** Von **F. Lusensky,** Geh. Regierungsrat. **2. Aufl.** 1909. 3 M.

22. Gesetz, betr. **Anstellung und Versorgung der Kommunalbeamten.** Von Dr. **W. Ledermann,** Magistratsassessor zu Berlin. 1899. 1 M. 25 Pf.

23. **Ausführungsgesetz zum Bürgerlichen Gesetzbuche.** Von Kammergerichtsrat Dr. **P. Siméon. 2. Aufl.** 1905. 1 M. 80 Pf. Siehe auch Busch-Eylau S. 24.

24. Die **Hinterlegungsordnung** in der Fassung des Ausführungsgesetzes zum BGB. vom 20. Sept. 1899 nebst Ausführungsbestimmungen. Von Regierungsrat Dr. **Georg Bartels. 2. Aufl.** 1908. 2 M.

25. **Preußische Kommunalbeamtengesetzgebung.** Von Magistrats-Assessor Dr. **Fr. Kremski,** Berlin. 1901. 3 M.

26. Gesetze über das **Diensteinkommen der Lehrer und Lehrerinnen, Ruhegehalt und Fürsorge für Hinterbliebene.** Tabelle zur Berechnung der Ruhegehalts-, Witwen- und Waisenbezüge. Von Dr. **Ed. Cremer,** Beigeordneter. 1900. 2 M. 40 Pf.

27. Gesetz, betreffend die **Warenhaussteuer.** Von Geh. Ober-Finanzrat Dr. **G. Strutz.** 1900. 1 M. 20 Pf.

28. Gesetz über die **Fürsorgeerziehung Minderjähriger.** Von Landgerichtsdirektor Dr. **P. F. Aschrott. 2. umgearbeitete Aufl.** 1907. 2 M. 80 Pf.

29. Gesetz, betr. **die ärztlichen Ehrengerichte, das Umlagerecht und die Kassen der Aerztekammern.** Von Amtsgerichtsrat Dr. **F. Fidler.** 1901. 1 M. 50 Pf.

30. Das **Preußische Staatsschuldbuch** und **Reichsschuldbuch.** Von Wirkl. Geh. Ober-Finanzrat **J. Mücke.** 1902. 2 M.

31a. **Die geltenden Preußischen Gesindeordnungen.** Herausgegeben in zwei Bänden von **Stephan Gerhard,** Rechtsanwalt in Berlin. 1902.

Band I: Gesindeordnung für die altpreußischen Provinzen vom 8. Nov. 1810, mit Erläuterungen unter Berücksichtigung der Ergänzungsgesetze und der Rechtsverhältnisse der Gesindevermieter, sowie die Gesindeordnungen für Neuvorpommern und Rügen und für die Rheinprovinz. Neue Aufl. in Vorbereitung.

31b. **Band II:** Gesindeordnungen für Hannover, Schleswig-Holstein, Hessen-Nassau und den Regierungsbezirk Hohenzollern. 2 M. 50 Pf.

Siehe auch Seite 25: Ratgeber von Grieben.

32. **Die Städteordnung für die sechs östlichen Provinzen** Preußens vom 30. Mai 1853. Von Stadtrat Dr. **Walter Ledermann** u. Magistratsrat Dr. **Ludwig Brühl. 2. Aufl.** 1913. 7 M.

33. **Rentenguts- und Anerbenrechts-Gesetzgebung in Preußen.** Von Landgerichtsrat **M. Peltasohn** und Rechtsanwalt **Bruno Peltasohn.** 1903. 3 M.

34. Sammlung der wichtigsten **preußischen Strafgesetze** nebst Anhang: Gesetz betr. polizeiliche Strafverfügungen vom 23. April 1883. Von **Otto Lindemann,** Geheimen Justizrat. 1912. **2. Aufl.** 3 M. 50 Pf.

35. **Geschäftsordnung für Gerichtsvollzieher.** Gerichtsvollzieherordnung und Gebührensätze von Amtsgerichtssekretär **Emil Exner.** 1904. 3 M. 50 Pf.

36. **Polizeiverordnungen in Preußen.** Von **Otto Lindemann,** Geheimen Justizrat. 1912. **2. Aufl.** 2 M. 50 Pf.

37. Gesetz über die **Enteignung von Grundeigentum** vom 11. Juni 1874. Von Oberlandesgerichtsrat **O. Meyer. 2. Aufl.** 1911. 2 M. 25 Pf.

38. **Kreis- und Provinzial-Abgabengesetz.** Vom 23. April 1906. Von **Fr. Schmidt,** Gemeindevorsteher. 1906. 1 M. 25 Pf.

39. Gesetz, betr. die **Unterhaltung der öffentl. Volksschulen.** Von Dr. **A. Marcks,** Reg.-Rat. 1906. 2 M.

40. **Verwaltungsstrafverfahren** bei Zuwiderhandlungen gegen die Zollgesetze und indirekte Reichs- und Landesabgaben, sowie die Bestimmungen über die Schlacht- und Wildpretsteuer vom 26. Juli 1897. Von Dr. **Richard Katzenstein,** Gerichtsassessor. 1907. 3 M. 60 Pf.

41. Die **preußischen Jagdpolizeigesetze.** Von **Fr. Kunze,** Wirkl. Geh. Oberregierungsrat und **R. Kühnemann,** Rechtsanwalt. **2. Aufl.** 1907. 3 M. 60 Pf.

42. Die Gesetzgebung über die **Allgemeine Landesverwaltung** und über die **Zuständigkeit der Verwaltungs- und Verwaltungsgerichtsbehörden.** Von Rechtsanwalt Dr. **Karl Friedrichs.** 1908. 3 M.

43. Gesetz betr. die **Zulassung einer Verschuldungsgrenze** für land- und forstwirtschaftlich benutzte Grundstücke. Von Dr. jur. **R. Leweck,** Syndikus. 1908. 2 M. 40 Pf.

44. **Quellenschutzgesetz** nebst den Ausführungsbestimmungen von **Carl Voelkel,** Geheimer Bergrat. 1909. 1 M.

45. **Rechtsverhältnisse der Juden in Preußen** von Dr. jur. **Max Kollenscher,** Rechtsanwalt. 1910. 2 M. 40 Pf.

46. **Austritt aus der Landeskirche** vom 14. Mai 1873. Von Gerichtsassessor **Hrch. Chr. Caro.** 1911. 2 M. 40 Pf.

47. Gesetz, betr. die **Feuerbestattung** von Amtsgerichtsrat Dr. **W. Lohmann.** 1911. 1 M. 50 Pf.

48. **Zweckverbandsgesetz für Großberlin** vom 19. Juli 1911 nebst Abdruck des allgemeinen Zweckverbandsgesetzes. Von Magistratsräten Dr. **Ludw. Brühl,** Dr. **Kurt Gordan** und Stadtrat Dr. **Walter Ledermann** in Berlin. 1912. 4 M.

49. **Gesetze gegen die Verunstaltung landschaftlich hervorragender Gegenden** mit Ausführungsanweisuugen. Von Regierungsrat **Otto Goldschmidt.** 1912. 2 M. 50 Pf.

50. **Gesetz, betr. die Anlegung und Veränderung von Straßen und Plätzen in Städten und ländlichen Ortschaften** von Oberlandesgerichtsrat **O. Meyer.** 1912. 3 M.

51. **Preußisches Disziplinargesetz** von **Dultzig** im Druck.

52. **Preußisches Wassergesetz** vom 7. April 1913 von Rechtsanwalt **Georg Wulff** und Rechtsanwalt **Ferd. Herold.** 1913. 5 M.

Guttentag'sche Sammlung
von Text-Ausgaben mit Sachregister ohne Anmerkungen.

Taschenformat, elegant in Leinen gebunden.

Zivilprozeßordnung mit **Gerichtsverfassungsgesetz** und **Einführungsgesetzen.** Neue Fassung. Mit der Novelle vom 22. Mai 1910. 2 M.

Konkursordnung mit **Einführungsgesetz.** 80 Pf.

Bürgerliches Gesetzbuch nebst **Einführungsgesetz.** 10. Abdruck. 2 M. 50 Pf.

Handelsgesetzbuch nebst **Einführungsgesetz** und **Seerecht.** 8. Abdruck. 1910. 1 M. 80 Pf.

Reichsversicherungsordnung von 1911 (Kranken-, Unfall-, Invaliden- und Hinterbliebenenversicherung). 2 M.

Militärstrafgerichtsordnung nebst **Einführungsgesetz** u. Gesetzen, betr. Dienstvergehen der richterlichen Militärjustizbeamten und unfreiwillige Versetzung derselben usw. mit **Militär-Strafgesetzbuch.***) **2. Aufl.** 1 M. 50 Pf.

*) Ist auch einzeln zu haben. Preis 1 M.

Wechselordnung mit Anhang: **Wechselprozeß und Ausführungsanweisung.** 1908. 1 M.

Die Preußischen Ausführungsgesetze zum Bürgerlichen Gesetzbuche und Nebengesetze. 5. Aufl. 1 M. 80 Pf.

Reichsfinanzgesetze von 1909 einschließlich der **Reichsstempelgesetze** und des **Erbschaftssteuergesetzes.** 1909. 2 M.

Zuwachssteuergesetz vom 14. Februar 1911. 80 Pf. **Ausführungsbestimmungen** dazu 60 Pf.

Versicherungsgesetz für Angestellte vom 20. Dez. 1911. 1 M. 25 Pf.

Strafgesetzbuch. Mit ausführl. Sachregister. 1912. 1 M. 20 Pf.

Wehrbeitrag und **Besitzsteuer.** Mit ausführl. Sachregister. 1913. 1 M.

Struckmann-Koch, Zivilprozeßordnung für das Deutsche Reich nebst den auf den Zivilprozeß bezüglichen Bestimmungen des Gerichtsverfassungsgesetzes und den Einführungsgesetzen. In den neuen Fassungen mit der Novelle von 1910. Kommentar. Herausgegeben unter Mitwirkung von **K. Rasch**, Landgerichtspräsident in Altona, Dr. **P. Koll**, Senatspräsident beim Oberlandesgericht in Cöln, Dr. **Flechtheim**, Rechtsanwalt beim Oberlandesgericht in Cöln. **9., umgearbeitete Auflage.** 1910. Lex.-8°. 24 M., geb. 26 M.

Pinner, Kommentar zum Gesetz **gegen den unlauteren Wettbewerb** vom 7. Juni 1909. **2. Aufl.** Herausgegeben von Justizrat **Albert Pinner** und Rechtsanwalt Dr. **Erich Eyck.** 1910. Gr.-8°. 5 M. 50 Pf., geb. 6 M. 50 Pf.

Das preußische Warenhaussteuergesetz vom 18. Juli 1900, in Verbindung mit den anderen deutschen Warenhaussteuergesetzen. Erläutert von Dr. **J. Wernicke,** Syndikus. 1913. Preis 4 M. 50 Pf., gebunden 5 M.

Die Stempelsteuerpflicht bei Grundstücksübertragungen. Ein Hilfsbuch zur Berechnung und Einziehung des Immobiliarstempels. Zusammengestellt und bearbeitet von **X. Brachvogel,** Amtsgerichtsrat. 1912. Gr.-8°. Preis 6 M., geb. 7 M.

Patentgesetz und Gesetz, betr. den **Schutz von Gebrauchsmustern.** Von Justizrat Dr. **A. Seligsohn. 4., neubearbeitete Auflage.** 1909. Gr.-8°. 12 M., geb. in Leinen 13 M.

Die Preußischen Ausführungsgesetze, Verordnungen und ministeriellen Verfügungen zu dem Bürgerlichen Gesetzbuche und den Reichs-Justizgesetzen nebst anderen zugehörigen Gesetzen. Von **L. Busch. 2. Aufl.** von Landrichter **O. Eylau.** 8°. Preis geb. 4 M. 50 Pf.

Preußische Bürgerliche Gesetzsammlung. Sammlung der noch geltenden Landesgesetze privatrechtlichen Inhalts. Herausgegeben von den Gerichtsassessoren **D. Fischer** und Dr. **F. Schroeder.** 8°. 2 Bände Preis geb. in ganz Leinen 20 M.

Erster Band: **Das Allgemeine Landrecht mit den Einführungs-Patenten.** Preis 6 M.

Zweiter Band: **Gesetze von 1773—1902.** Preis 14 M.

Kommentar zum Stellenvermittlergesetz vom 2. Juni 1910 unter besonderer Berücksichtigung des zivilrechtlichen Gesetzesinhaltes mit den Ausführungsbestimmungen für **Preußen, Bayern, Sachsen** von **M. K. Samter,** Amtsgerichtsrat. 1912. Gr.-8°. Preis 4 M., geb. 5 M.

Die Invaliden- und Hinterbliebenenversicherung nach der **Reichsversicherungsordnung.** Eine systemat. Zusammenstellung der gesetzl. Bestimmungen von Dr. **Richard Freund,** Vorsitzendem der Landes-Versicherungsanstalt Berlin. 1911. 2 M., geb. 3 M.

Wie leitet man eine Versammlung? Geschäftlicher Handweiser für Vorsitzende. Von einem Mitgliede des deutschen Reichstages und des preußischen Abgeordnetenhauses. 2. Aufl. 1908. kart. 1 M.

Praktischer Ratgeber für Dienstherrschaften nach dem Preuß. Gesinderecht unter Berücksichtigung der neueren Entscheidungen bearbeitet von **H. Grieben,** Verwaltungsdirektor a. D. und Bürgermeister. 1908. 1 M.

Das Recht der Handlungsgehilfen und Handlungslehrlinge. Von Rechtsanwalt **Hugo Horrwitz.** 2. Aufl. Geb. 3 M.

Die Registratur. Von **Hermann Kollrack.** 2. Aufl. 1906. 8°. Kart. 1 M. 40 Pf.

Die Pflichten des Waisenrates. Ein praktischer Leitfaden für Waisenräte und Verwaltungsbeamte. Von **F. Baum,** Geh. Justizrat und Vormundschaftsrichter. 8. **vermehrte und verbesserte Auflage.** 1906. 8°. 60 Pf.

Der Vormund, Gegenvormund, Pfleger und Familienrat. Nach dem Bürgerlichen Gesetzbuch, dem Reichsgesetz über die Angelegenheiten der freiwilligen Gerichtsbarkeit und dem Ausführungsgesetz zum BGB. Ein praktischer Leitfaden. Von **F. Baum,** Geh. Justizrat und Vormundschaftsrichter. 1899. 8°. 50 Pf.

Schlagwort-Register.

R. = Nummer der Sammlung Deutscher Reichsgesetze.
P. = Nummer der Sammlung Preußischer Gesetze.
S. = Seite.

Schlagwort-Register. (R. = Reichsgesetz, P. = preuß. Gesetz.)

Schlagwort-Register. (R. = Reichsgesetz, P. = preuß. Gesetz.)

Schlagwort-Register. (R. = Reichsgesetz, P. = preuß. Gesetz.)

 Nr 9. VII. 1913. 45000.

FSC
www.fsc.org
MIX
Papier | Fördert
gute Waldnutzung
FSC® C083411

Kolibri 360 GmbH
Ferdinand-Jühlke-Straße 7
99095 Erfurt, Deutschland
produktsicherheit@kolibri360.de